JULIA ENGELMANN

Keine Ahnung, ob das Liebe ist

Buch

»Keine Ahnung, ob das Liebe ist, vielleicht werde ich das nie wissen.
Aber immer, wenn du bei mir bist, hör ich auf, dich zu vermissen.«

Poetry-Autorin Julia Engelmann begeistert seit ihrem mitreißenden Debüt »Eines Tages, Baby« mit ihrer besonderen Sprache und Melodie. In diesem Gedichtband schreibt sie frisch und einfühlsam über die Liebe und das Leben und über innere Jahreszeiten. Ihre gefühlvollen, facettenreichen Texte handeln von Geborgenheit, Sehnsucht, der Suche nach dem eigenen Platz in der Welt und davon, was es bedeutet, füreinander da zu sein. Julia Engelmann regt zum Nachdenken an und macht Mut, ihre Zeilen sprühen vor Energie und Lebensfreude und berühren das Herz.

Weitere Informationen zu Julia Engelmann
sowie zu lieferbaren Titeln der Autorin
finden Sie am Ende des Buches.

Julia Engelmann

Keine Ahnung, ob das Liebe ist

Poetry

Mit Illustrationen der Autorin

GOLDMANN

Sollte diese Publikation Links auf Webseiten Dritter enthalten,
so übernehmen wir für deren Inhalte keine Haftung,
da wir uns diese nicht zu eigen machen, sondern lediglich auf
deren Stand zum Zeitpunkt der Erstveröffentlichung verweisen.

Dieses Buch ist auch als E-Book erhältlich.

Verlagsgruppe Random House FSC® N001967

2. Auflage
Originalausgabe Oktober 2018
Copyright © 2018 by Wilhelm Goldmann Verlag, München,
in der Verlagsgruppe Random House GmbH,
Neumarkter Str. 28, 81673 München
Umschlaggestaltung: UNO Werbeagentur, München
Umschlagillustrationen: Julia Engelmann
Autorenfoto: © Marta Urbanelis
KS · Herstellung: kw
Satz: Uhl+Massopust, Aalen
Druck und Bindung: GGP Media GmbH, Pößneck
Printed in Germany
ISBN: 978-3-442-48854-4
www.goldmann-verlag.de

Besuchen Sie den Goldmann Verlag im Netz

Für jeden.

Keine Ahnung, ob das Liebe ist

~~DAS IST LIEBE~~
vielleicht

Intro

Sag mir: Wann fang ich an, mich so frei zu benehmen, wie ich bin? Und sag mir: Wann fang ich an, mich genauso zu lieben, wie ich bin? Und warum ist das so schwer? Aber woher sollst du das auch wissen? Ich bin ja schließlich nicht, was du siehst, wenn du mich da jetzt so flüchtig betrachtest. Ich bin, was ich sehe, wenn ich die Welt betrachte. Und dabei immer ein bisschen glücklich und traurig gleichzeitig. Ich weiß, das haben schon viele vor mir und schöner gesagt, aber es stimmt. Ich hab das Gefühl, ich lebe in inneren Jahreszeiten. Manchmal bin ich so traurig, dass ich glaube, dass ich nie wieder glücklich werden kann. Und dann wieder bin ich so glücklich, dass ich mich nicht erinnern kann, dass es jemals anders war. Und wenn du da jetzt so auf mich draufguckst, dann siehst du bestimmt irgendwas, aber nie all das. Und ich wünschte, ich könnte das alles mit dir teilen, dir in meinem Blick Platz machen, wie auf einer Bank, auf der man zur Seite rutscht, und dann so mit der Hand neben mir auf das Holz klopfen und sagen: »Guck mal! Schön hier, oder?«

Das hier ist ein sicherer Ort.
Egal, wo du herkommst, und egal,
wo du hingehst. Alles ist okay.
Du bist gut genug. Ich sehe dich.
Ich höre dich. Ich bin für dich da.
Ich danke dir für deine Gesellschaft.
Mach es dir hier gemütlich.

STRUKTUREN IM CHAOS

Ich bin so veränderlich, so twisted, zerrissen.
    Normal?! Nur ein bisschen, im Durchschnitt zumindest.
Ich versuche hier nur nicht vom Weg abzudriften,
    würde es besser machen, wenn ich's besser wüsste.

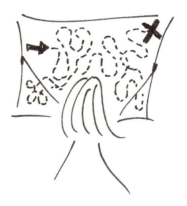

Ich hab Angst vor Nähe, noch mehr Angst vor keiner,
    ich bin gerne allein, aber ungerne einsam.
Das, was ich *will* ich dann bloß eine Zeit lang,
    ich steh für mich ein, nur solange ich Halt hab.

Ich bin jeden Tag anders, du siehst mich mäandern,
    gedankenverloren, ankerlos, langsam.
Ich sag mir, ich kann nicht, dann wieder, ich kann das,
    ich wär gern entspannter beim Umwegewandern.

Will immer mehr schaffen, brauch dringend 'ne Pause,
    ich will länger tanzen und früher nach Hause.
Ich kaufe mir Sachen, die ich eigentlich nicht brauche,
    und höre mich sagen, was ich eigentlich nicht glaube.

Ja, Fehler sind so was wie Farben im Leben,
    nur meine, die kann ich mir selbst nicht vergeben.
Oh, Schwächen, sie machen die Menschen so schön,
    aber meine soll keiner bei Tageslicht sehen.

Ich wollte erwachsen sein, hab es versucht,
    doch das Ende der Jugend ist Anfang genug,
ich guck allen anderen beim Aufwachsen zu,
    sie gucken zurück, aber keiner wie du ...

... blickst hinter meine Fassaden,
    siehst mich mit all meinen Narben,
sagst mir inmitten zerbrochener Kulissen:
    Gäbe es dich nicht, würde ich dich vermissen.
Mit dir gehöre ich irgendwohin,
    vergesse, warum ich so unsicher bin,
ich bin dir nicht zu viel, weil du auch so viel denkst,
    ich glaube, du magst mich, *obwohl* du mich kennst.

Wir sind jeden Tag nur auf der Suche und ratlos,
    alles läuft neben der Spur und so wahllos,
als Antwort auf Moll bleibt nur Dur in Staccato,
    einzig wir zwei sind Strukturen im Chaos.

Du bist so veränderlich, so lost und zerrissen,
   nimmst viel zu viel Rücksicht, mehr als du müsstest.
Du versuchst einfach nur, nicht vom Weg abzudriften,
   würdest es besser machen, wenn du es besser wüsstest.

Du hast Angst vor Nähe und noch mehr vor keiner,
   doch dich dran gewöhnt, weil du immer allein warst.
Bist rastlos geboren, die Welt deine Heimat,
   alle andern gehen vor, du bleibst ewiger Zweiter.

Nicht geweint seit 'nem Jahr, sondern weiter gelächelt,
   du meinst, was du sagst, und es gut mit den Menschen.
Gefühle verstehst du am besten bei Fremden,
   und deine kannst du ja mit Denken bekämpfen.

Du gibst dich so stark, aber fühlst dich so schwach,
   deine Alltagslast raubt dir den Schlaf jede Nacht.
Denn du misst dich darin, wie viel Arbeit du schaffst,
   du fragst dich so viel, nur nie, was du da machst.

Ja, Fehler sind so was wie Farben im Leben,
   nur deine, du kannst sie dir selbst nicht vergeben.
Oh, Schwächen, sie machen die Menschen so schön,
   aber deine soll keiner bei Tageslicht sehen.

Du wolltest erwachsen sein, fordertest dich,
   das Ende der Jugend ist der Anfang von nichts,
und jeder entweicht deinem suchenden Blick,
   die Einzige, die noch zurückschaut, bin ich...

… blick hinter deine Fassaden,
  sehe dich mit all deinen Narben,
sag dir inmitten zerbrochener Kulissen:
  Gäbe es dich nicht, würde ich dich vermissen.
Mit mir gehörst du irgendwohin,
  los, vergessen wir, dass wir so unsicher sind!
Du bist mir nicht zu viel, weil ich auch so viel denk,
  weißt du, ich mag dich, *obwohl* ich dich kenn.

Wir sind jeden Tag nur auf der Suche und ratlos,
  alles scheint neben der Spur und so wahllos,
als Antwort auf Moll bleibt nur Dur in Staccato,
  einzig wir zwei sind Strukturen im Chaos.

Wir sind Strukturen im Chaos, ein Zufallsfraktal,
  für jede und jeden, nur uns nicht, egal,
ein perfekter Akzent, eine Wolke aus Staub,
  wie ein Stern, wenn er brennt, und dann löst er sich auf.

Wir sind Schnörkel im Karo, im Großen ganz klein,
  man sieht nur Details, wenn man von ihnen weiß,
ein Perpetuum mobile, Mise en abyme,
  ein Feuerwerk, bis alle Funken verglühen.

mise en abyme

Wir sind ein Jamais-vu, ungelenkte Rakete,
   eine Leuchtprojektion auf zerrissener Tapete,
ein hübsches Momentum auf diesem Planeten,
   ich wünschte, wir wären uns früher begegnet.

Im System zwei sich irgendwo kreuzende Geraden,
   nichts wird jemals so sein, wie wir beide es waren,
fliegen unterm Radar, Phänomen ohne Namen,
   ich will immer so sein, wie wir beide es waren.

Wir sind so veränderlich, gleichen uns aus,
   wie Lichtwellen tauchen wir ein, wieder auf,
ergeben zusammen ein ewiges Muster,
   Physik ist so schön, was mir gar nicht bewusst war.

Wir waren versteckt, und wir haben uns gefunden,
   ein einzelner Punkt unter endlosen Punkten,
ohne Richtig und Falsch, ohne oben und unten,
   im Strudel gesucht und im Trubel verbunden.

Da ist endlich mal jemand, der »Wein doch nicht« sagt,
   endlich mal jemand, der meint, was er fragt,
endlich mal jemand, der wartet,
   der immer noch einfach so da ist.
Endlich mal jemand, der wirklich versteht,
   endlich mal jemand, der gleich gerne lebt,
ich kann hören, wie du atmest,
   es ist schön, dass du da bist.

Wir sind jeden Tag nur auf der Suche und ratlos,
   alles scheint neben der Spur und so wahllos,
als Antwort auf Moll bleibt nur Dur in Staccato,
   einzig wir zwei sind Strukturen im Chaos.

Ja, du bist meine Struktur hier im Chaos.

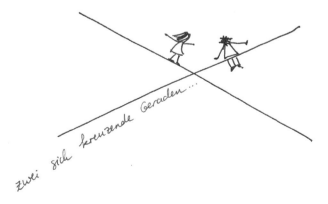

Zwei sich kreuzende Geraden...

AKA BTW ~~CU~~ Coconut Oil

Attention, attraction, apps, abs, #ad,
all-rounder, all-nighter, Avocadotoast, @at.
Bluetooth, blues, boost, body shaming,
    backstage,
      barcode, bagel, burn-out,
        blogger, Brangelina, backlash,
          BS, BFF, bae, babe, be right back,
           bitcoin, binge-watch, Bachelorette, Brexit, break.
        (I'm) craving chia seeds
      (and) carrot cakes like crazy,
    (we're) crowdfunding, couch-surfing,
  car-sharing, champions.
non-dairy, no diggity, digging it, digital detox.
Eat, sleep, email, repeat! Eyeliner, edited, egos,
extensions, emojis, events – embrace it!
FML, FOMO, feminist, facelift,
fake news ... till you make it?!
Green-juice-#goals!
Glad you're glowing while ghosting me!
I'm gonna go, googling what
global warming for our generation means!
Human enhancement, human resources,
humans, they hand and they »harlem shake«.
I'm not hating, I'm just hangry,
high-fiving of the hearts that ache.

Inside, info, indoor, impact, image, IBAN, interface,
influencer, inspiration, ice, incentive, just in case.
Jetset, jetlag, jackpot, Jenner, Kardashian,
Karma, ketchup, keyboard, killing it, K-Pop-Fan.
LGBT, leg day, looser, laptop, lava, label, low,
ladies, let's get lost, let's get loud, let's go.
Millennials meditate, maximize, managing
man buns and minimal muffin-tops, maybe!
Minions mastering media marketing,
models make mental health mainstream. Navi,
nope, noob, no poo, nonstop, nonsense, NSA,
Netflix, nerd, news, nomophobic, NBA.
Overdeliver, overachieve, overly attached, overnight oats,
over the moon, One-Woman-Show, open and close,
Pokemon Go!
Party, Paypal, pancake, planking,
popcorn, podcast, paleo, pub,
power, poker, poetry, paintball,
playlist, pumps, pansexual, punk.
Quantified self, Quarterlife Crisis,
Raw, redeye, swipe to sugar free side dish,
Silicon Valley, snack, Spotify, streaming, spam,
#sorrynotsorry, sneak, super-surreal,
sabbatical, soulmate, squad,
stranger, screen, sitcom, shit,
sixpack, slang, snippet, the struggle is real!
(Same here!)
Tinder, trigger, try that,
TMI, trend, thigh gap.
Underdog, underdressed,
Vegan vibe, Kanye…

West!
XXXL!
Yes, we can!
YouTube, y don't I feel
zen?!

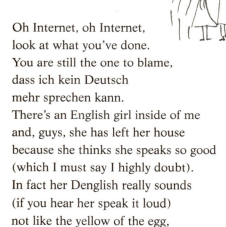

Oh Internet, oh Internet,
look at what you've done.
You are still the one to blame,
dass ich kein Deutsch
mehr sprechen kann.
There's an English girl inside of me
and, guys, she has left her house
because she thinks she speaks so good
(which I must say I highly doubt).
In fact her Denglish really sounds
(if you hear her speak it loud)
not like the yellow of the egg,
but on the other hand it goes.

ROYAL-TENENBAUM-TAG

Ein streifiges Band hält dein strähniges Haar,
    ich trage immer nur Spangen.
Wo letzte Woche dein Bart einmal war,
    leuchten jetzt frisch deine Wangen.
Ziehst deine Brille zu tief ins Gesicht,
    warum ich so traurig bin, weiß ich oft nicht,
und alles erübrigt sich in deinem Blick,
    dem besten der Blicke seit Langem.

Ich zähle, wie oft sich die Schallplatte dreht,
    du wieder mal Zigaretten.
Wir teilen uns, dass uns sonst keiner versteht,
    und ab und zu was zu essen.
Mein blonder Schopf ist Fähnchen im Wind,
    ich fühle mich wie ein mir ähnliches Kind,
weißt du, ich folge dir überallhin,
    weißt du, ich würde dich retten.

*alles hält an
und wird zeitlupenstill*

Sag mir nur: Machst du das alles für mich?
  Woher bloß kommt die Geduld?
Wir teilen es auf: Denn ich gebe dir Glück
  und du mir dafür nie die Schuld.
Jetzt malst du ein Bild, und ich lese ein Buch,
  ich sehn mich schon nach dem nächsten Besuch.
Warum bloß sind wir uns selbst nie genug?
  Die Uhr da am Kirchturm schlägt null.

Und hier sitzt ein Falke auf deinem Balkon,
  wir loben sein weißes Gefieder.
Ich glaube, am Ende entfliegt er davon,
  fliegt so, als käme er nie wieder.
Und jeder fragt sich, nur er nicht, wohin,
  ich frage mich oft, wer ich eigentlich bin,
ich denk zu viel, sagst du, ich denke, das stimmt,
  ist doppelt so still nach dem Gong.

Irgendwo singen die Beatles dazu,
  und ich singe mit, nenn mich kitschig,
doch jetzt und hier ist mir, als wären ich und du
  endlich mal unglaublich richtig.
Unten vorm Haus laufen Menschen umher,
  einsame Seelen, der Himmel ist leer,
nur wir überthronen das städtische Meer –
  fast so wie Margot und Richie.

FÜR MEINE MUTTER

Manchmal gibt's so viel zu sagen,
    dass ich lieber schweige.
Denn wie sagt man alles das,
    was jemand einem bedeutet?
Aber weil die Tage
    oft so schnell an uns vorbeigehen,
will ich nicht mehr warten,
    darum vielleicht lieber heute:

Auch, wenn ich mal nicht da bin
    und auch wenn nicht alles einfach ist,
wollt ich dir nur sagen,
    dass du immer meine Heimat bist.

Ich stehe mit gepackten Koffern
    vor dir in der Tür,
ja, ich hab alles, Fragen, Hoffnung
    und ein Bild von dir.
Weggehen, das heißt *hin zu etwas*
    und nicht *weg von hier*.
Doch warum, wenn sich was ändert,
    hab ich Angst, was zu verlieren?

So streift mein Blick ein kleines Stück
    durch Roggen, Mohn und Löwenzahn,
ich reise in der Zeit zurück
    zum Sommer, als ob es eben war,
dass ich mit meiner Wange
    dir zum Bauchnabel nur reich'
und beim Umarmen fühle,
    wie du ausatmest und ein.
Dass ich sorglos, voller Brombeerflecken,
    barfuß in der Sonne rennend,
meine Welt entdecke
    zwischen Haus, Garten und Teich.

Ich weiß noch:
Einmal, es ist Frühlingswetter,
    landet zwischen Fliederblättern
drüben unterm Waldrandsonnenflutlicht ein Marienkäfer
    schüchtern auf meinem Zeigefinger,
flüsternd hauch ich: »Bleib für immer«,
    denn er ist mein Alter
und kann Loopings drehen so wie Riesenräder.

Alles, was ich mir gewünscht hab,
   ist auf einmal da,
ich beschließe, mich zu kümmern,
   sicher, jeden Tag.
Ich bau ihm ein Glas als Zimmer,
   pflücke fleißig Gras zum Füttern,
plan bereits das Überwintern,
   als du zu mir sagst:

Niemandem gehört die Wiese,
   nichts davon ist deins,
er hat Flügel, um zu fliegen,
   also lass ihn frei.
Siehst du, sagst du, das ist Liebe:
   Was du liebst, das lässt du ziehen,
und gehört's zu dir, dann kehrt
   es eines Tages heim.

Mein Blick folgt ihm
   zum Horizont und Wiesenende,
während ich ein bisschen ihn vermissend
   noch an Liebe denke.

Und einmal, als du eines Abends für mich singst,
  merke ich mir, wie warm das klingt:
Winde wehn, Schiffe gehn weit in ferne Land'.
  Als das Lied zu Ende ist
und du meine Hände nimmst,
  wirft die Nachttischlampe bunte Bilder an die Wand:
Sterne und Raketen schweben über die Tapete,
  werden größer, kleiner, drehen sich,
tauchen auf und wieder ein.
  »Siehst du den Planeten?«, fragst du.
»Das ist, wo wir leben,
  und genauso reisen wir zwei grade
auch durch Raum und Zeit.«

Ich träum, mit Blick auf Leuchtaufkleber,
   unter meiner Decke liegend,
noch, wie wir durch Wolken
   bis ins Weltall um die Wette fliegen.

So kehr ich jetzt zurück zur Tür,
   rieche Roggen, Mohn und Löwenzahn,
fühle noch das Glück in mir,
   vom Sommer und wie schön es war.
Hier bei Haus und Teich und Garten
   ist nicht alles mehr wie früher,
denn ich geh dir beim Umarmen
   bis zur Wange oder drüber.
Es spiegeln deine Augen
   jetzt die Weite und das Licht.
»Hier bin ich zu Hause«,
   denk ich leise und mein' dich.

Auch wenn ich mal nicht da bin
   und auch wenn nicht alles einfach ist,
wollt ich dir nur sagen,
   dass du immer meine Heimat bist.

Wir sind uns ähnlich, nicht identisch,
   unsere Leben unzertrennlich,
und sind doch jeweils eigene Menschen,
   dabei waren wir mal eins.
Manchmal bringt uns das an Grenzen,
   ich find, das ist verständlich,
doch ich will dich nie verletzen,
   und wenn doch, tut es mir leid.

Ich kann dich in mir erkennen,
 in der Stimme, meinen Händen
und in allem, was ich denke,
 auf dem Flug durch Raum und Zeit.
Und für all deine Geschenke,
 all die Wärme, das Verständnis,
danke ich dir so unendlich –
 ich will nur, dass du das weißt.

Auch wenn ich mal nicht da bin
 und auch wenn nicht immer alles einfach ist,
wollt ich dir nur sagen,
 dass du immer meine Heimat bist.

Ich geh mit gepackten Koffern,
 du stehst in der Tür,
ich hab alles, Fragen, Hoffnung
 und ein Bild von dir.
Ich gehe jetzt *hin zu etwas*
 deshalb *weg von hier,*
dass sich etwas ändert,
 heißt nicht immer auch verlieren.

Dein Blick folgt mir
  zum Horizont und Wiesenende,
während ich ein bisschen dich vermissend
  an so vieles denke.

  Mein Blick bei dir,
    ich trete übers Wiesenende –
  es stimmt, du bist der Grund für alles,
    was ich über Liebe denke.

Keine Ahnung, ob das Liebe ist

~~DAS IST LIEBE~~

~~vielleicht~~

Sub specie aeternitatis

Unterm Gesichtspunkt der Ewigkeit
    sind wir beide ziemlich klein.
Aber guckt man nur auf Lebenszeit,
    könnten wir nicht größer sein.

Ich weiß, wir sind beide nicht für immer,
    aber immer, wenn ich an dich denke,
kommt es mir so vor,
    oder ein bisschen zumindest,
und das Licht in deinem Zimmer
    scheint so oft aus offenen Fenstern
in die Großstadtnacht empor.

Gleich eins, wir spielen Tetris mit den Armen,
    ich habe zwei Drittel deiner Decke,
aber das macht dir nichts aus,
    denn du schläfst schon in der anderen
Ecke vom Ikea-Holzbett,
    und ich starre währenddessen
in das Weltall hoch hinauf.

Keine Ahnung, ob das Liebe ist,
  vielleicht werde ich das nie wissen.
Aber immer, wenn du bei mir bist,
  hör ich auf, dich zu vermissen.

Von weit weg höre ich die Straße
  plus das Surren deines Kühlschranks
und ein bisschen Stille auch.
  Das ist alles viel zu flüchtig,
so wie unser beider Atem –
  ist wie Schaukelwind am Spielplatz,
und ich träum mit Augen auf.

Mit dir sind die Tage abends länger,
   und die Nächte werden kürzer,
es ist alles schön und viel.
   Wir dehnen die Momente
von Sekunden gen unendlich.
   Damit ich dich nie vergesse,
ist es besser, du hältst still.

Keine Ahnung, ob das Liebe ist,
   also ich kann das nicht wissen.
Was ich weiß, ist, wenn du bei mir bist,
   hör ich auf, dich zu vermissen.

Ich weiß, wir beide sind nicht für immer,
   aber immer, wenn ich an dich denke,
kommt es mir so vor,
   oder ein bisschen zumindest,
denn das Licht in deinem Zimmer
   scheint so oft aus offenen Fenstern
in die Großstadtnacht empor.

Wer weiß, vielleicht schaut ja grad per Zufall
   ein Kometenpaar zusammen
auf die Erde, weit entfernt,
   guckt vorbei an allen Ampeln
in dein Fenster auf die Lampe,
   dann sagt einer zu dem anderen:
»Guck mal da, ein kleiner Stern!«

Keine Ahnung, ob das Liebe ist,
  doch ich brauch das nicht zu wissen.
Aber immer wenn du bei mir bist,
  hör ich auf, dich zu vermissen.

Unterm Gesichtspunkt der Ewigkeit
  sind wir nichts, nur ein Schritt,
den man einmal vergehen kann.
  Aber guckt man nur auf Lebenszeit,
sind wir sicherlich das Größte,
  das ich bisher gesehen hab.

SONNTAGSLIED

Guten Morgen, es ist Sonntag,
    und willkommen in der Freizeit!
Guck, da oben scheint die Sonne,
    so als ob sie schon Bescheid weiß.
Jetzt nehmen mich ihre Strahlen
    durch das Fenster in den Arm,
ich drehe mich im Schlafanzug,
    die Laken leuchten warm.

Ich wache vor dem Wecker auf,
    erinnere meinen letzten Traum,
der Brötchenduft vom Bäcker
    klettert lässig zu dem Fenster rauf.
Es gibt Rührei und Müsli
    und Grapefruit zum Frühstück,
es singen »Velvet Underground«,
    ich fühle mich gemütlich.

Und mein Kaffeebecher dampft
    mittig auf der Zeitung,
ob ich sie durchgeblättert hab,
    ist heut nicht von Bedeutung.

Damit ich nicht belastet bin,
 stell ich nur noch kurz den Rucksack ab,
den Schalk, der mir im Nacken sitzt,
 trag ich heute huckepack.

Heute würd ich sagen,
 »ich bin Lebensjournalist«,
das heißt, ich gehe dahin,
 wo Gelegenheiten sind.
Ich bin ein Bildhauer,
 und meine Skulpturen sind meine Tage,
Lyrik ist die rosarote Brille,
 die ich trage.

Ich lass mich treiben, ich lass mich treiben,
 alles ist sehr gut so, wie es ist,
und kann so bleiben,
 ich lass mich treiben durch meine Zeilen –
hab keinen Kompass mit,
 weil heute Sonntag ist!

Mal keine Kopfhörer auf,
 denn der Beat ist mein Schritt,
so geh ich aus dem Haus,
 und kein Schatten geht mit.
Sonst, sobald mal Wind aufkommt,
 senke ich den Blick,
doch jetzt lache ich ihn an,
 und er lächelt gleich zurück.

Ich habe meinen Bus verpasst,
   was heute kein Problem ist,
ist egal, ob ich zu spät bin,
   es reicht, dass ich auf dem Weg bin.
Ich will mir alles gönnen,
   auch das Lächeln im Gesicht,
was ich hätte werden können,
   das bin ich nun mal nicht.

Ich sitze an der Haltestelle,
   träume in die Bäume,
es gibt nichts zu erreichen,
es gibt nichts zu versäumen,
   ich gucke nur dem Leben zu,
   die Leute tragen Freude,
   ich halte es mit Winnie Pooh:
   Mein Lieblingstag ist heute!

Wir stöbern übern Trödel,
   ohne irgendwas zu kaufen,
es eignen sich die Möbel auch sehr schön,
   um drum herumzulaufen.
Alle sehen freundlich aus,
   wenn sie uns begegnen,
Paare, Hunde, Kinderwagen
   schweben uns entgegen.

Es gibt heut kein Foto,
    auch sonst gibt's kein Beweisstück,
doch wir wissen, was passiert,
    und es reicht, dass wir dabei sind.
Eine bunt gemischte Runde,
    und jetzt teilen wir uns Kuchen,
es gibt keine Uhren hier
    und sonst auch nichts mehr zu suchen.

Und wir lassen uns treiben, lassen uns treiben,
    wir sind alle gut so, wie wir sind,
und können so bleiben,
    lassen uns treiben durch diese Zeilen –
haben keinen Kompass mit,
    weil heute Sonntag ist.

Es wird niemand kritisiert,
    und keiner wird bewertet,
es wird alles nur probiert,
    und das, was reif ist, wird geerntet.
Ich lebe im Minutentakt
    locker in die Stunden rein,
die auch noch nebenbei
    ein paar von meinen alten Wunden heilen.

Ich messe nichts in Zahlen,
    und ich zähle keine Likes,
als Spektrum meiner Skala
    wähle ich nur »ich bin frei«.
Ich hake keine Listen ab,
    heut gibt es kein To-do,
und was da auf mich zukommen will,
    kommt alles auf mich zu.

Ohne Kabel und Geräte
    sind wir alle analog,
ich hab lang nicht so gelebt
    und war lange nicht so froh.
Alles, was ich denke,
    lasse ich sofort wieder los,
hab die Hände frei,
    und alle Ängste fliegen hoch.

Gedanken sind aus Wasser,
    und aus meinen fließt ein Bach,
sonst tauch ich nur die Zehen ein,
    doch heute tauch ich ganz.
Raum und Zeit verschwimmen hier,
    denn alles ist im Fluss,
ich atme aus, ich atme ein:
    Leben heißt Genuss!

Ich lass mich treiben, ich lass mich treiben,
*   ich glaube, ich bin gut so, wie ich bin,*
und kann so bleiben,
*   ich lass mich treiben durch meine Zeilen –*
hab keinen Kompass mit,
*   weil heute Sonntag ist.*

Ich kehre wie ein Abenteurer
   heim in später Nacht,
ich hatte ganz vergessen,
   dass ich ein Zuhause hab.
Alles war und ist mal wieder
   einfach gut genug,
ich gucke keinen Bildschirm an,
   ich les in einem Buch.

Die Sonne streift den Horizont,
   sie senkt schon ihren Blick,
grade erst gekommen,
   und schon zieht sie sich zurück
und schaut mich, als sie geht,
   noch mal verschwörerisch an:
Was haben wir gelebt,
   wie man es schöner nicht kann!

Interlude 1

Und dann plötzlich bin ich nicht mehr sicher, wo oben und unten ist, es ist so vieles so komisch auf der Welt und zwischen uns, und so vieles bleibt ungeklärt. Ich wünschte wirklich, ich könnte alles lösen und geradebiegen und in jede verzwickte Situation zurückgehen und sie entwirren. Aber vielleicht ist Leben gar nicht so gedacht, vielleicht ist diese Vorstellung von einer bestimmten Ordnung auch nur in meinem Kopf. Ich wünschte einfach, ich könnte ahnen, was du siehst, wenn du die Welt betrachtest, und dass du mich öfter neben dir auf deiner Holzbank sitzen lassen würdest. Ich wüsste so gerne, was du denkst.

AN DEN TAG

Und dann flüsterst du mir zu,
  dass du, der Tag, zu Ende bist.
Dann erst sehe ich hoch:
  Wie schön alles gewesen ist.
Die Tür geht auf, ich ruf:
  Warte, bitte geh noch nicht!
Hör schon auf dem Flur
  deine letzten Schritte Sonnenlicht.

Und du singst:
Alles, was schön ist, vergeht.
  Alles, was schön ist, vergeht.
    Alles, was schön ist, vergeht, so auch ich.
      Ich verspreche, ich denk immer an dich.

Ich sag: Bitte, geh noch nicht,
  du hast gerade erst begonnen!
Kaum seh ich dein Gesicht,
  ist es schon wieder verschwommen.
Steigst auf, reißt aus,
  reist auf und davon,
fliegst raus wie Staub,
  wie Laub vom Balkon.

Und wirst du wiederkommen?
   – Nein, das ist nicht erlaubt!
Du singst mir Lieder
   vom Loslassen und Vertrauen.
Du verlierst mich aus den Augen,
   aber ich lass dich nicht ziehen.
Ich bin traurig, ich brauch dich,
   ich sag: Was, wenn ich dich liebe?

Und was ist, wenn ich weine?
   Bitte lass mich nicht alleine!
Du sagst: Nein, denn wenn ich bleibe,
   wird die Zeit darunter leiden
und vermeiden, dass wir frei sind.
   Stillstand heißt auch Langeweile.
Du bist hier, und ich geh heim,
   so ist es besser für uns beide.

Ich sag: Vielleicht hätte ich viel mehr
   aus dir machen sollen.
Oder glaubst du, dass wir immer
   zu viele Sachen wollen?
Du sagst: Nein,
   du hast alles richtig gemacht,
du hast an mich, an dich
   und alle anderen gedacht.

Ich denk, vielleicht sind wir eigentlich
   ein bisschen mehr als frei,
und vielleicht hab ich eigentlich
   ein bisschen mehr Zeit,
und vielleicht bist du
   ein Teil der Geschichte, die ich schreib,
weil von allem, was vergeht,
   immer auch ein kleines bisschen bleibt ...

Und dann flüsterst du mir zu,
   dass du, der Tag, zu Ende bist.
Dann erst sehe ich hoch:
   Wie schön alles gewesen ist!
Die Tür geht auf, ich ruf:
   Tag, warte, bitte geh noch nicht!
Und hör schon auf dem Flur
   deine letzten Schritte Sonnenlicht.

Und du singst:
Alles, was schön ist, vergeht.
    Alles, was schön ist, vergeht.
        Alles, was schön ist, vergeht, so auch ich.
            Ich versprech dir: Ich denk immer an dich.

JUNGES UNGLÜCK
Ungesagte Dinge

Wir sind zusammen nie allein,
 und wenn wir beide älter sind,
dann werden wir zwei besser sein,
 als es unsere Eltern sind.
Das haben wir gesagt,
 und jetzt sieh uns beide an:
Wir sind 'ne unglückliche Frau
 und ein unglücklicher Mann.

Sag mir: Warum sagst du nichts?
 Weil du mich nicht leiden kannst?
Für mich hört sich dein Schweigen
 mittlerweile so wie Schreien an!
Sag mir: Warum tust du nichts?
 Bin ich dir nicht genug?
Denn auch jedes »Wie geht's dir?«
 klingt für mich wie ein »Lass mich in Ruh!«.

So heftig, wie wir uns verlieren,
    wir sollten uns doch glücklich machen.
Sprechen ist wie Balancieren,
    und nirgends scheint ein Schritt zu passen.
Was ist dein Gedanke,
    wenn du vielsagend ins Weite schaust?
Hörst du, wenn ich lache,
    eigentlich keine Verzweiflung raus?

Du läufst in letzter Zeit im Kreis,
    ich komm dir entgegen,
doch du änderst deine Richtung,
    kurz bevor wir uns begegnen.
Ist es nicht zu schade,
    dass wir beide auf der Stecke bleiben?
Hörst du mich vorm Schlafen
    denn nicht leise in die Decke weinen?

Liebe ist doch eine Lüge,
    wenn sich beide schwertun.
Vieles, was ich für dich fühle,
    doch am meisten Schwermut.
Jeder Augenblick geht unter,
    meiner grad in deinem Gesicht.
Weißt du, ich hab Liebeskummer,
    leider weil du bei mir bist!

Und ungesagte Dinge sind wie ungelesene Bücher,
    und sie stapeln sich zwischen uns im Raum.
Wachsen an die Decke und blockieren alle Ecken
    wie ein umgestürzter, ungestutzter Baum.
Und ungesagte Dinge sind wie ungeleerte Wolken,
    sie benebeln uns wie ein schlechter Traum.
Meine Brille ist beschlagen, und es fällt mir schwer zu atmen,
    ich erkenn dich nicht, und ich muss hier raus.

Wir sind zusammen nie allein,
    und wenn wir beide älter sind,
dann werden wir zwei besser sein,
    als es unsere Eltern sind.
Das haben wir gesagt,
    und jetzt sieh uns beide an:
Wir sind 'ne unglückliche Frau
    und ein unglücklicher Mann.

Ja, sag mir: Warum sagst du nichts?
    Und du fühlst dich so fremd an.
Wenn du jetzt nicht mit mir sprichst,
    dann wird sich nie was ändern.

Sag mir: Warum rennst du ständig?
    Und warum so viel Distanz?
Hat's dich so geängstigt,
    als ich nah an deinem Abgrund stand?

Du hast mir jeden Zentimeter
    deiner Welt und Zeit versprochen
und, als ich nicht hingesehen hab,
    heimlich deinen Eid gebrochen.
Wir leben aus gepackten Koffern,
    du aus deinem, ich aus meinem.
Hast du dich denn nie gefragt,
    warum wir uns nie einen teilen?

Deine Nähe macht mich klein,
    ich sehe mich mit deinen Augen:
Voller Mankos und bezweifle,
    dass ich eine starke Frau bin.
Auf Fehler folgt die Angst davor,
    bis man nur danebentrifft.
Wie kannst du es ertragen,
    dass du unglücklich vergeben bist?

Siehst du in der Straßenbahn
    das Paar hinter der Scheibe?
Guck dir dieses Elend an –
    ich glaub, das sind wir beide.
Jeder Augenblick geht unter,
    meiner grad in deinem Gesicht.
Weißt du, ich hab Liebeskummer,
    immer wenn du bei mir bist!

Und ungesagte Dinge sind wie ungelenkte Züge,
   und sie fahren uns in ein fremdes Land,
werden immer schneller, bis sie bremsen, wenn es dämmert,
   entlassen uns, irgendwo im Sand.
Und ungesagte Dinge sind wie unbezahlte Rechnungen,
   mit Ignoranz füttert man die Angst,
man muss sie bezahlen, wenn man wegrennt oder weggluckt.
   Sag mal, siehst du nicht, dass ich nicht mehr kann?

Wir sind zusammen nie allein,
   und wenn wir beide älter sind,
dann werden wir zwei besser sein,
   als es unsere Eltern sind.
Das haben wir gesagt,
   und jetzt sieh uns beide an:
Wir sind 'ne unglückliche Frau
   und ein unglücklicher Mann.

Los!
Sag mir, ich hab Fehler,
    und ich raub dir deine Freude,
anstatt mir nicht zu sagen,
    dass ich dir noch was bedeute.
Sag mir, ich bin komisch
    und dass du mich nicht erkennst,
anstatt mir nicht zu sagen,
    dass du manchmal an mich denkst.

Sag mir, dass ich störe,
    dass ich dich um deine Träume bring.
Dann könnte ich dir sagen,
    dass wir allerhöchstens Freunde sind.
Sag mir, dass wir anders sind,
    als du dir das gedacht hast.
Dann könnte ich dir sagen,
    dass ich innerlich gepackt hab!

Und ich erinnere noch den Tag,
    an dem ich fragte:
Was denkst du?
    Deine Antwort wieder: Gar nichts.
Unser letzter Tag ist auch der Tag,
    seit dem mir klar ist:
Ungesagte Dinge
    können mehr wehtun als Gesagtes.

Wir sind zusammen nie allein,
  und wenn wir beide älter sind,
dann werden wir zwei besser sein,
  als es unsere Eltern sind.
Haben wir gesagt,
  und jetzt sind wir dieses Unglück.
Geliebt werden ist einfach,
  aber Lieben ist ein Kunststück.

... wie ein umgestürzter, ungestutzter Baum...

WER SCHÖN SEIN WILL

Wenn ich bei dir bin, weißt du,
   vergess ich, dass ich ein Aussehen hab,
denn all das hier drin sieht mir
   tatsächlich niemand von außen an.
Wir verlieren, wenn wir nicht mehr wir sind,
   sondern so austauschbar.
Schau ich dich an, dann seh ich mehr,
   als man sich kaufen kann.

Denn ob du still und heimlich ein Philosoph bist,
   glaub mir, erzählt kein Bild.
Wer nur schön sein will, muss leiden,
   weil er so doof ist, dass er bloß schön sein will.
Weil Leben schnell vorbeigeht:
   Denk immer groß, doppelt so laut und wild.
Im Grunde gilt: Mach einfach das,
   was dich mit Glück erfüllt.

Ich wünschte, du könntest dich mit meinen Augen sehen. Du bist, was du denkst – nämlich schön. ♡

KLEINER WALZER

Dam da dam da dam da dam.

Aus deinem Gesicht scheint Sonnenlicht,
   es freut mich für dich, wie glücklich du bist.
Während du sprichst, zweifele ich –
   weiß es noch nicht, was das Richtige ist.

Ich mag alle anderen, nur nicht mich selbst,
   ist jeden Tag anders, was mir gefällt,
und ich weiß nicht, wohin ich gehör.

Dam da dam da dam da dam.

Alles ist gut, aber nie gut genug,
   ich lass zu wenig los und viel zu viel zu.
Ein Schritt nach vorne und dreißig zurück,
   ich warte auf morgen erreich ich mein Glück.

So viel Gelegenheit, ich geh nicht raus,
   hab so viel geredet, so wenig geglaubt,
so wenig Nähe und zu viel Applaus,
   und ich weiß nicht, wohin ich gehör…

Dam da dam da dam da dam.

Die einen sind jünger und schöner als ich,
    die anderen älter und weiser.
Ich bin doch zu jung für mein ernstes Gesicht
    und eigentlich zu oft alleine.

Ich mach alles ein bisschen, alles vielleicht,
    ist nichts wirklich richtig, nichts wirklich falsch,
und ich weiß nicht, wohin ich gehör.

    Dam da dam da dam da dam.

Du weißt es, und ich halt dich nicht ... oh,
    du weißt es, und ich halt dich nicht auf,
du weißt es, und ich halt dich nicht aus –
    deinem Gesicht scheint Sonnenlicht,
es freut mich für dich, wie glücklich du bist,
    einen Augenblick streift es auch mich –
wüsste so gern, was das Richtige ist.

UNSER BERLIN

Und auf deine Frage,
    ob ich mich denn noch erinnern kann,
könnte ich jetzt erstens sagen,
    dass es gar nichts Echtes war,
zweitens einfach lächeln,
    so als ob mich nichts verletzen kann,
doch am besten, drittens, tun,
    als ob ich dich vergessen hab.

Doch ich fahr durch die Stadt,
    riecht die Luft nach Benzin,
an egal welchem Platz
    sehe ich unser –
Auf dem Rad, in der Bahn,
    mit dem Bus zum Termin,
jede Nacht, jeden Tag
    sehe ich hundertmal unser Berlin.

Dort aßen wir Oliven,
    da koreanisch,
hier hast du mir geschrieben:
    Danke, dass du da bist.

Dort saßen wir auf dem Dach,
    da haben wir uns Kunst gegeben,
hier haben wir nachts
    und auf den Treppen über uns geredet.

Dort haben wir getanzt,
    da mal Kaffee verkippt,
hier nahmst du meine Hand,
    dann hast du mich geküsst.
Dort mich noch zur Tür gebracht,
    und, ja, ab da hab ich gewusst,
dass ich hier nichts dafür kann
    und mich aus Versehen verlieben muss.

Und für eine Weile
    schienen wir immer jung zu bleiben,
waren nie mehr einsam,
    allerhöchstens mal alleine.
Konnten beweisen,
    dass eins plus eins eins ist,
zusammen mehr
    als die Summe unserer Teile.

Doch nicht jede kleine Knospe
    schafft die Überwinterung,
jetzt sind wir Einzel –
    teilen nur noch Erinnerung.
Auf jede Mittagssonne folgt
    auch mal die Dämmerung,
nichts ist so sicher
    wie die ständige Veränderung.

Und ich fahr durch die Stadt,
   riecht die Luft nach Benzin,
an egal welchem Platz
   sehe ich unser –
Übern Markt, durch den Park,
   übern Fluss, über Schienen,
und auf jedem Plakat
   les ich hundertmal »Unser Berlin«.

Dort hast du geschwiegen,
   da drüben mich versetzt,
hier bin ich cool geblieben,
   dabei war ich verletzt.
Dort machte ich viele Fehler
   und da mir einen Kopf,
hier wollt ich lieber gehen,
   so wie schon viel zu oft.

Dort haben wir's probiert,
    und da sind wir gescheitert,
hier habe ich kapiert,
    so geht es nicht mehr weiter.
Dort saßen wir am Steuer,
    da schon auf dem Nebensitz,
hier wollten wir nicht leugnen,
    dass es das gewesen ist.

Ich will ausbrechen, wegrennen,
    ich will nicht lügen,
wenn das immer so endet,
    nein, dann will ich nicht lieben,
es zerreißt mich von innen,
    und ich kann das nicht aushalten,
wünschte, Sehnsucht und Schmerz
    würden gehen oder ausbleiben.

Wenn ich jetzt nach vorne
    sehe ich immer dein Gesicht!
Wenn ich nicht an uns
    denke ich aus Versehen an dich!
Wenn ich weiter
    gehst du ein paar Schritte mit mir mit!
Wie soll ich dich vergessen,
    wenn du überall hier bist?

Und ich fahr durch die Stadt,
    riecht die Luft nach Benzin,
an egal welchem Platz
    sehe ich unser –

Auf dem Rad, in der Bahn,
  mit dem Bus zum Termin,
jede Nacht, jeden Tag
  sehe ich hundertmal unser Berlin.

Und auf deine Frage,
  ob ich mich denn noch erinnern kann,
könnte ich erstens scherzhaft sagen,
  was und auch wie schlecht es war,
zweitens dich verletzen
  und dann die sein, die als Letzte lacht,
drittens lügen, wenn ich sage,
  dass ich dich vergessen hab.

Doch in jedem Zipfel dieser Stadt
  fand irgendein Kapitel statt:
Tempelhof, Mauerpark,
  Kreuzberg, Alexanderplatz,
von Späti über Bar
  bis Café um die Ecke
bis zum Fotoautomaten
  auf dem RAW-Gelände.

So viel gemacht in dieser Phase,
  die mir endlos schien,
jeder Quadratmeter 'ne Karte
  für mein Memory.
An jeder zweiten Ampel
  aus den Fenstern gesungen,
jeder verdammte Kantstein
  ein Denkmal für uns.

Auf jedem Platz und jeder Brücke
    steht ein Satz unserer Geschichte,
durchs Lesen durchleben,
    auch wenn ich nicht möchte.
Ich seh Satzeichen und Sätze
    auf den Backsteinen und Wänden,
»jedem Anfang wohnt ein Zauber inne«.
    Was ist mit dem Ende?

Vom Auftrieb unseres Aufstiegs
    bis zum Falle unseres Falles,
auch wenn es nicht so aussieht,
    ich erinnere mich an alles:
An jeden Nebensatz am Wegesrand
    und auch an jeden Gegenstand,
an jeden Gang vom Brezelstand
    zum Edeka die Spree entlang.

An alle Täler, Küsse, Fehler, Witze,
    Schlüsselszenen in Regengüssen,
jedes Frühstück und ans
    Sich-beim-Gehen-Müssen-Tränen-Wischen.
Daran, wie wir Arm in Arm
    »This Modern Love« gesungen haben,
und an die Jahrhundertparty
    in Neukölln im *Klunkerkranich*.

Tram, U, S, Taxi,
    Flugzeug, Fahrrad, Tegel,
gerade noch Beginner,
    doch schon ist es das gewesen.

Ich höre deine Stimme noch:
 Das ist das »Spiel des Lebens«,
wir können alles immer
 einmal nur erleben.

Und ich fahr durch die Stadt,
 riecht nach Luft und Benzin,
egal an welchem Platz
 sehe ich unser –
Auf dem Rad, in der Bahn,
 mit dem Bus zum Termin,
jede Nacht, jeden Tag
 sehe ich hundertmal unser Berlin.

Dort noch mit dir eingeschlafen,
 da ohne dich aufgewacht,
hier das Smartphone für dich an,
 doch sofort wieder ausgemacht.

Dort habe ich gelitten,
    da neuen Mut gefasst,
hier wollte ich nicht kitten,
    was nicht gut zusammenpasst.

Dort war ich boxen,
    da im Kiez beim Friseur,
hier offen mir ein
    hoffnungsvolles Lied anzuhören.
Ja, da, auf der einen Seite,
    war ich sehr allein,
und genau hier, auf der anderen Seite,
    wurde ich wieder frei.

Und es tut immer noch weh,
    es tut noch immer gut,
aber ist schon ok,
    das gehört wohl dazu.
Denn die Gefühle sind doch das,
    was uns letztendlich bleibt,
und wahre Stärke liegt
    am Ende in Verletzlichkeit.

Und auf deine Frage,
    ob ich mich denn noch erinnern kann,
sag ich erstens lächelnd,
    dass sich seitdem viel verändert hat,
zweitens, ich verletzt bin,
    was beweist, dass es was Echtes war,
und ich dich – trotzdem und deswegen –
    drittens nie vergessen kann.

Und ich fahr durch die Stadt,
 riecht die Luft nach Benzin,
so langsam verschwindet hier unser –
Auf dem Rad, durch den Park,
 als die Wolken abziehen,
du siehst dein, ich sehe mein,
 aber niemand mehr unser Berlin.

AN EINEN VERLORENEN FREUND

Du meinst es nicht mehr gut mit mir,
  du bist nicht mehr vertraut.
Ich weiß es, das Gefühl sitzt hier,
  recht tief in meinem Bauch.
Du meldest dich seit Tagen nicht,
  du bist nicht interessiert.
Und unterdessen frag ich mich:
  Wie ist uns das passiert?

Du ziehst dich Stück für Stück zurück,
  und ich zieh hinterher.
Ich überspiel, was komisch ist,
  zum Ausgleich immer mehr.
Dabei bist du im Kopf schon weg,
  und ich renn vor die Wand
und halte trotzdem an uns fest
  so wie an losem Sand.

Du bist in einer anderen Stadt,
  drum hier nicht mehr so oft.
Seit du die neuen Freunde hast
  und deinen neuen Job,

bist du wie abgetaucht, mir scheint,
    dass du mich nicht mehr brauchst.
In einige Dinge wächst man rein,
    aus anderen wächst man raus.

Ohne dich bin ich allein,
    vielleicht bist du es auch.
In einige Dinge wächst man rein,
    aus anderen wächst man raus.

Du meinst es nicht mehr gut mit mir,
    vielleicht bild ich's mir ein,
weil ich zu dir den Bezug verlier,
    ist's leicht, gekränkt zu sein.
Auch ich hab neue Freunde jetzt,
    die ich noch öfter seh.
Doch wenn zerbricht, was man so schätzt,
    dann tut's trotz Freunden weh.

Und sehen wir uns einmal pro Jahr
    und reden kurz vom Glück,
dann jubelt meine Hoffnung: Da!
    Die Freundschaft ist zurück!
Dann stimm ich unsere Lieder an,
    weil du sonst nichts erzählst,
und merke so, trotz Widerstand,
    dass du mir manchmal fehlst.

Lass uns ganz bald treffen, meinst du,
   ich sag, unbedingt.
Morgen ist's vergessen – weißt du,
   ich find's nicht mehr schlimm.
Hab mich gewöhnt, lange nicht beklagt,
   auch lange nicht mehr geweint,
denn nur weil einer etwas sagt,
   ist's längst nicht so gemeint.

Was ich nicht gern am Leben mag,
   ist: Nichts ist, wie es scheint,
und nur weil einer etwas sagt,
   ist's längst nicht so gemeint.

Du meinst es nicht mehr gut mit mir,
   du bist mir einfach fremd,
alles, ja, das waren wir,
   was man wohl Freunde nennt.
Keinen Tag hab ich von dir verpasst,
   ein Jahr ist es jetzt bald,
kein Blatt hat zwischen uns gepasst,
   jetzt passt ein ganzer Wald.

Ich schick dir nie Geburtstagspost.
   Wie läuft das mit der Schuld?
Auch du, du schreibst mir nicht mehr oft.
   Wem fehlte hier Geduld?

Sag, bin ich ein schlechter Mensch,
    und wer von uns ist gut?
Der andere bin ich, wenn du denkst,
    und ich denk, das bist *du*.

Ich ruf dich manchmal aus Reflex,
    wenn etwas ist, fast an,
doch leg das Handy wieder weg,
    ich weiß, du gehst nicht ran.
Stattdessen also sitz ich hier
    und schreib dir ein Gedicht.
Wenn du das liest, dann sag ich dir:
    Ich denke grad an dich.

Du und ich war mal ein Wir,
    und jetzt sind wir es nicht.
Wenn du das liest, dann sag ich dir:
    Ich denke grad an dich.

BITTER

Ich sitz an meinem Schreibtisch,
    und es ist schon weit nach Mitternacht.
Die Luft ist so erdrückend,
    wie es sonst nur ein Gewitter schafft.
Ich denke über unsere Zukunft
    und die unserer Kinder nach,
und weiß nicht, ob die Welt mich
    heute traurig oder bitter macht.

Das Leben gibt mir 'ne Zitrone,
    ich mach Limonade draus.
Jetzt hab ich seit vielen Tagen
    so ein ungutes Gefühl im Bauch.
Von da aus, wo ich wohne,
    sieht die Straße ziemlich düster aus.
Kannst du mir was Schönes sagen,
    weil ich grad was Schönes brauch?

Die Welt ist eine Wippe,
    die schon immer auf der Kippe steht.
Ich hab zwar wenig Wissen,
    doch ich wünsche mir den Mittelweg.
Überall sind Blitze,
    weil da draußen ein Gewitter bebt.
Wie soll ich denn schlafen,
    wenn mich laufend mein Gewissen quält?

Ich dachte, als ich kleiner war,
    das, was steht, wird halten,
und in jeder Leiter sah ich
    nur 'ne Chance zu steigen.
Nichts ist mehr, wie's mal war,
    und auch nichts, was ist, wird bleiben,
und in jedem allem, was schon steht,
    seh ich die Chance zu fallen.

So sitz ich jetzt am Schreibtisch,
    und es ist schon weit nach Mitternacht,
ich suche einen Gedanken,
    der das alles nicht noch schlimmer macht.
Einen davon habe ich
    zum Glück noch in der Hinterhand,
ich denke an schöne Tage,
    die ich hatte und für immer hab.

Das Leben gibt mir 'ne Zitrone,
  ich mach Limonade draus.
Vielleicht hilft sie ja meinem Magen
  und gegen das Gefühl im Bauch.
Von da aus, wo ich wohne,
  sieht es immer noch zu düster aus.
Wer kann mir was Schönes sagen,
  wenn ich grad was Schönes brauch?

Könnte sein, die Welt geht unter,
  grad entdeckt bei Instagram.
Ich rühr all den Kummer drunter,
  so wie ich das immer mach.
Gib mir noch 'ne Prise Zucker,
  dass ich's besser trinken kann,
dann setz ich an und schlucke:
  Auf dass sie mich nicht bitter macht!

WIE WIR BEIDE ES WAREN

(Chaos Reprise)

Wir waren Strukturen im Chaos, ein Zufalls-Fraktal,
    für jede und jeden, nur uns nicht egal,
im System irgendwo zwei sich kreuzende Graden,
    ich will immer so sein, wie wir beide es waren.

Wir wollten erwachsen sein, waren zu jung,
    das Ende der Jugend war der Anfang von uns,
und das Ende von uns ist der Anfang von allem,
    ich hoffe, dir hat unser Ausflug gefallen.

inmitten zerbrochener Kulissen

Und hinter meiner Fassade
    wird diese Wunde schon bald eine Narbe,
jetzt sitz ich inmitten zerbrochener Kulissen
    und kann es nicht besser, als dich zu vermissen.
Frag mich, wo gehöre ich hin?
    Erinnere, warum ich so unsicher bin,
verzeihe mir alles im Stillen und denk:
    Ich werd mich jetzt lieben, *obwohl* ich mich kenn.

Ich bin jeden Tag neu auf der Suche und ratlos,
    ich laufe neben der Spur und so wahllos,
durch meinen Flur fegt ein kleiner Tornado,
    ohne Struktur bleibt am Ende nur Chaos.

DARF ICH BITTEN?

Aus der mächtigen Großstadt gewaltigem Schoß
  entsprangen zwei einsame Seelen.
Sie banden sich fest, und sie rissen sich los,
  und vom Losreißen will ich erzählen…

Guten Abend, liebe Gäste, gerne führ ich Sie im Zimmer rum!
  Es liegen, wie Sie sehen können, überall noch Splitter rum.
Dies ist ein Gedicht als Mittel gegen die Verbitterung,
  also, Vorhang auf fürs Überschreiben der Erinnerung.

Hätte ich gewusst, dass das unser letzter Abend ist,
   ich hätte mich schöner gemacht,
hätte dich bewusst etwas länger an der Bar geküsst
   und sicher höher gelacht.

Hätte ich gewusst, dass das unsere letzte Nacht ist,
   ich hätte mich drauf gefreut,
hätte mehr zu dir geguckt und weniger zum Nachttisch
   und noch was Gutes geträumt.

Hätte ich gewusst, dass das unser letzter Tag ist,
   ich hätte nicht versucht zu gefallen,
hätte dir gesagt, mich gibt's ganz oder gar nicht,
   also, wenn, dann mit allem.

Hätte ich gewusst, dass das unsere letzte Stunde ist,
   ich hätte mehr gefragt und weniger gestritten,
hätte mir gedacht, eine Stunde ist im Grunde nichts,
   ein Lied angemacht und gesagt: Darf ich bitten?

Und du hättest dich geweigert,
   und ich hätte geschwiegen.
Denn wenn man weniger Zeit hat,
   dann kann man wenigstens lieben.

Und dann hätte ich geweint, vielleicht,
   und du gefragt: Warum weinst du?
Und ich: Es tut mir so leid, verzeih.
   Worauf du: Sag, was meinst du?

Ich: Hör mir zu, nein, du brauchst nichts sagen,
   frag nicht, warum ich das weiß.
Ich und du, ja, genau, wir, haben
   nur eine Stunde noch Zeit.
Für alles, was ich gelernt hab,
   will ich mich gerne bei dir bedanken.
Wir können jetzt weinen und uns ärgern
   oder fürs Gleiche auch tanzen!

Also, darf ich bitten? Das ist unser letzter Tanz,
   traurig und schön so wie wir.
Halt mich im Arm und halt meine Hand,
   bevor sie dich nie mehr berührt.
Ja! Darf ich bitten? Das ist unser letzter Tanz,
   still, aber wild, so wie wir –
drehen uns im Takt, wie das Lied es verlangt,
   so als könnten wir gar nichts dafür.

... halt meine Hand,
bevor sie dich nie mehr berührt ...

Das hätten wir nicht wissen können,
   ändern können auch nicht,
nur unser Lied war von Anfang an zu –
   Der beste Weg zum Gipfel
zeigt sich immer in der Draufsicht,
   nur unser Lied war von Anfang an zu –
Damals war, was vor uns lag,
   ein unbekannter Ausblick,
nur unser Lied war von Anfang an zu –
   Dass wir uns darauf eingelassen haben,
ist unglaublich,
   denn schon unser Lied war von Anfang an zu traurig

Hätte ich gewusst, dass das unser letzter Tanz ist,
   ich hätte dir gesagt, du bist schön,
und noch irgendwas, das uns beiden die Angst nimmt,
   alles Weitere werden wir sehen.

Hätte ich gewusst, dass das unser letztes Foto ist,
   hätte ich gelacht und geweint,
wenn es dann schön, aber irgendwie auch komisch wirkt,
   war es genauso gemeint.

Hätte ich gewusst, dass das die letzte Minute ist,
   ich hätte aufgehört zu hoffen,
das Schlechte vergessen, gesehen, was das Gute ist,
   und deine Nähe genossen.

Hätte ich gewusst, dass das die letzte Sekunde ist,
    ich hätte sie verlängert, mit langsameren Schritten,
hätte mich gefragt: Wo ist bloß die letzte Stunde hin?,
    das Lied aufgedreht und gesagt: Darf ich bitten?

Und dann hätte ich gelacht
    und du ein bisschen gelächelt.
Es ist, was man draus macht,
    und zwar so lange, bis man weg ist.

Und dann hätte ich geseufzt
    und du gefragt, was ich denke.
Na, wären wir immer wie heut,
    müssten wir's nicht beenden.

Ich: Also, hör mir zu, nein, Schuld trifft keinen,
    frag nicht, warum ich das weiß.
Dir und mir, uns beiden bleiben
    ein paar Sekunden noch Zeit.
Ja, wir werden getrennt sein
    und nur noch zwei Menschen, die sich mal kannten.
Eine gute Zäsur wäre Wut auf die Endzeit,
    doch wir können eigentlich auch tanzen.

Also! Darf ich bitten? Das ist unser letzter Tanz,
    traurig und schön so wie wir.
Los, schau mich an, solange du kannst,
    bevor du mich nie wieder führst.

Ah! Darf ich bitten? Das ist unser letzter Tanz,
   still, aber wild so wie wir,
unser Gesang übermalt jede Wand,
   so als wäre hier nie was passiert.

Ob wir das hätten wissen können,
   ändert nichts, glaub ich,
nur unser Lied war von Anfang an zu –
   Ich glaub, du denkst,
Probleme gibt es nur, weil man sie ausspricht,
   nur unser Lied war von Anfang an zu –
Scherben bringen jedem Glück,
   solange man nicht drauftritt –
und unser Lied war von Anfang an zu –
   Dass wir uns darauf eingelassen haben,
ist unglaublich,
   denn schon unser Lied war von Anfang an zu traurig

Los, dimm die Lichter im Zimmer.
   Ich würde gerne schweigen.
So will ich dich erinnern,
   doch ich werde nicht bleiben.

Vielleicht denkst du, du kannst
   dir von mir alles nehmen.
Du bekommst diesen Tanz,
   aber nicht mehr mein Leben.

Also, darf ich bitten? Das ist unser letzter Tanz,
   traurig und schön so wie wir.
Halt mich im Arm und halt meine Hand,
   bevor sie dich nie mehr berührt.
Ja! Darf ich bitten? Das ist unser letzter Tanz,
   still, aber wild, so wie wir –
drehen uns im Takt, wie das Lied es verlangt,
   als könnten wir gar nichts dafür.

Ich hänge wie ein Amulett an dir,
    und du umarmst mich.
Ein Lied, auch wenn es traurig ist, ist besser noch als –
    Dein Kopf auf meiner Schulter,
ich hab Panik, und du sagst nichts.
    Ein Lied, auch wenn es traurig ist, ist besser noch als –
Beweg dich nicht, du weißt,
    wir sind zerbrechlich wie Keramik.
Ein Lied, auch wenn es traurig ist, ist besser noch als –
    Der Flur in meiner Wohnung
fühlt sich an wie die Titanic.
    Ein Lied, auch wenn es traurig ist, ist besser noch als
gar nichts.

Sie sahen, liebe Gäste, die Erinnerungsveränderung,
    vielleicht erfuhr die Bitterkeit 'ne klitzekleine Linderung.
Gehen Sie, wenn Sie mögen, in die innere Verlängerung,
    der Vorhang fällt und wird ab jetzt für immer vor dem
Zimmer ruhen.

Nur düsteren Frieden bringen uns diese Zeilen,
die Großstadt betrübt von dem Ganzen.
Ich wünschte, wir würden im Ende verweilen,
ich wünschte, wir würden noch tanzen.

LÖWENHERZ

Ich weiß nicht, was ich sagen soll,
    mir ist, als ob es gestern war,
weil alles, was ich sage,
    doch nichts ändert oder besser macht.
Ich höre dich noch lachen,
    und ich sehe dich noch am Fensterplatz.
Du ahnst nicht, was ich machen würde,
    dass ich dich noch länger hab.

Vom Himmel fehlt ein kleines Stück,
    ich sehe es von hier,
eine Lücke, die sich nie mehr schließt,
    sie hat die Form von dir.
Ich wünschte mir, wir könnten alles haben,
    ohne zu verlieren.
Doch niemand wird in tausend Jahren
    wieder sein wie wir.

Ich sehe, durch die grauen Wolken
    bahnt sich grad ein Licht.
Was es auch bedeuten soll,
    ich weiß es heute noch nicht.

du gehst immer mit mir mit

Ich hoffe, du bist längst,
   wo es schön für dich ist,
und dass du an mich denkst,
   denn ich denke an dich.

Ich träume jede Nacht von dir
   und auch davon, wie schön es wär.
Sag mir, hab ich immer einen
   Platz in deinem Löwenherz?
Und ich träum von einem Land für dich,
   in dem du jetzt der König wärst.
Du weißt, du hast für immer einen
   Platz in meinem Löwenherz.

Und auf diesem Zettel thront
   noch immer deine Handschrift,
und da auf dem Tisch liegt noch
   dein aufgeschlagenes Buch.
Draußen ist der Abdruck
   deiner Füße auf dem Sandweg,
und an deinem Pulli
   hängt noch immer dein Geruch.

Und auf dem alten Plattenspieler
   dreht sich dein Vinyl.
Ich höre deine Stimme klar
   und darin dein Gefühl.
Ich sehe deine Gesten noch,
   ich glaub fast, du hörst zu.
Die Tür steht immer offen,
   denn sie hofft auf deinen Besuch.

Es scheint mir noch ein bisschen so,
   als ob du bald zurück bist.
Alles, was du wissen sollst, ist,
   wie sehr ich dich vermisse.
Und mit jedem Atemzug
   und auch mit jedem Schritt
gehst und lebst du immer
   noch ein bisschen mit mir mit.

Was bleibt, ist deine Liebe,
   deine Jahre voller Leben,
das Leuchten in den Augen aller,
   die von dir erzählen.
Millionen Sterne in der Nacht,
   und einer aber flimmert
in der Ferne und verblasst,
   doch ich werde ihn erinnern.

ich werd ihn erinnern.

Und ein Leben ist viel mehr, ich weiß,
    als Name, Bild und Datum.
Es sind Wünsche, all die Zeit
    und auch all deine Erfahrung.
Es sind die Menschen, die dich lieben,
    sind dein Lieblingsfilm und -essen,
deine Gesten, deine Mimik,
    deine Wahrheit und dein Lächeln.

Ich träume jede Nacht von dir
    und auch davon, wie schön es wär.
Ich hoffe, ich hab für immer einen
    Platz in deinem Löwenherz.
Und ich träum von einem Land für dich,
    in dem du jetzt der König wärst.
Und du hast für immer einen
    Platz in meinem Löwenherz.

Als Allerletztes ist da etwas,
    das ich dir versprechen kann:
dass ich dich nie vergessen werde
    und auch nie vergessen hab.
Ich lach mit dir für eine Weile,
    sitz mit dir am Fensterplatz.
Mein Löwenherz, ich würde es teilen,
    dass ich dich noch länger hab.

ICH GEH ZU FRÜH VON PARTYS WEG

Du lädst mich ein, ich folge dir
    hinein in einen Club,
ich kenne ein paar Leute hier,
    nicht alle, doch genug.
Ein paar Gespräche führ ich,
    hör ein paar Gesprächen zu,
die Zeit vergeht, ich fühl mich
    etwas müde, aber gut.

Und ein paar Stunden ziehen
    unbemerkt an mir vorbei,
vielleicht wie Melodien,
    so vertraut und doch so neu.
Ein paar sind draußen rauchen,
    und jetzt ist es schon bald eins,
ich sag, ich muss nach Hause,
    dabei hab ich morgen frei.

Ich suche meine Jacke
    aus dem Stapel in dem Eck,
ich glaub, ich hab 'ne Macke:
    Ich will immer früh ins Bett.
Und mir kommt ein Gedanke,
    Ob ich mich wohl grad versteck?
Ich glaub, ich geh zu früh von Partys weg.

Denn irgendwas zieht mich immer noch irgendwohin,
  wo ich dann, komm ich an, immer wieder nichts find
und mir sag, nächstes Mal werd ich fündig, bestimmt.
  Doch ich kann eigentlich auch bleiben, oder?
Mein Kopf hängt noch nach, doch ich folg meinem Schritt,
  ich lauf durch die Nacht, und ich fühle den Wind.
Wenn es nur Angst ist, die sagt, ich gehör hier nicht hin,
  dann kann ich eigentlich auch bleiben,
    wo ich bin.

Du lädst mich ein, ich folge dir
  hinein in ein Café,
ich kenne keine Leute hier,
  nur dich, und das ist schön.
Du isst ein Stückchen Kuchen,
  und ich trinke einen Tee,
auch, wenn ich gar nichts suche,
  glaube ich plötzlich, ich muss gehen.

Mir ist, als ob ich sehe,
    was du grade von mir denkst,
verzeih, doch deine Nähe
    wird mir irgendwie zu eng.
Schon merk ich, wie ich stehe,
    mit dem Rucksack, aus Reflex:
Ich glaub, ich geh zu früh von Partys weg.

Denn irgendwas zieht mich immer noch irgendwohin,
    wo ich dann, komm ich an, immer wieder nichts find,
und überhör jeden Tag eine Stimme, die singt:
    Ich muss mich gar nicht so beeilen, oder?
Mein Kopf hängt noch nach, doch ich folg meinem Schritt,
    ich lauf durch den Park, doch ich will gern zurück,
und ich trag diesen Tag noch im Kopf mit mir mit,
    kann ich nicht eigentlich auch bleiben,
        wo ich bin?

Bin anders jede Stunde,
    was so ziemlich unbeständig ist,
kann sein, dass ich im Grunde nur
    'ne Summe aus Momenten bin.
Warum kann ich das Instabile
    in mir so schwer bändigen?
Muss ich akzeptieren,
    was wir machen, weil wir Menschen sind?

So schwer zu unterscheiden,
    wer mich mag und wer nur höflich ist,
deshalb such ich das Weite
    still und leise, wenn es möglich ist.

Ich wär gerne so eine,
 die nicht alles zu persönlich nimmt,
denn ich glaub, dass es nicht nötig ist
 zu gehen, wenn es am schönsten ist.

Doch bevor ich was verliere,
 geh ich lieber von alleine,
wenn ich nicht integriert bin,
 dann will ich es mir beweisen.
Jetzt, wo ich's verstehe,
 will ich mich auch so verhalten:
Wenn es blöd ist, soll man gehen,
 wenn es schön ist, soll man bleiben, oder?

Denn irgendwas zieht mich immer noch irgendwohin,
  wo ich dann, komm ich an, immer wieder nichts find.
Doch warum bin ich so in Eile?
  Ich kann doch eigentlich auch bleiben, oder?
Und mein Kopf ist noch da, doch ich folge dem Wind,
  und mir ist plötzlich klar, wie vertrackt ich doch bin,
und beschließe ganz alleine:
  Wenn es schön ist, soll man bleiben.

Du lädst mich ein, ich folge dir
   hinein in eine Bar,
sind alle deine Freunde hier,
   gefällt mir so na ja.
Hab ein Gespräch begonnen,
   schon vorbei, und mir ist klar:
Ich fühl mich nicht willkommen,
   aber ich bleib trotzdem da.

Dabei hab ich recht viel zu tun
   und auch sonst grad keine Zeit,
doch ich gehör so gern dazu,
   und das hier wird heut mein Beweis.
Warum will ich, dass du
   von meinem Unwohlsein nichts weißt?
Oh man, kann sein, dass ich zu lang auf Partys bleib.

   Oder?

Interlude 2

Weißt du was? Ich kann nicht schlafen, weil ich so glücklich bin. Meine Zukunft kommt mir vor wie eine schöne Landkarte, die ich nur noch Stück für Stück entfalten muss. Ich will auf keinen Fall eine Seite verpassen, nicht mal die letzte Ecke. Wie schön Leben ist, ich weiß gar nicht, wohin damit. Ich dachte, dass es nie besser wird, aber jetzt ist es das, und auch, wenn es mir auf dem Weg hierher so schwer vorkam, erscheint es mir plötzlich ganz leicht und selbstverständlich. Wie kann es sein, dass ich alleine genauso glücklich sein kann wie mit dir? Vielleicht stimmt es doch, und alles, was passiert, hat irgendetwas Gutes. Ich fühle mich verliebt, obwohl ich gar nicht weiß, in wen.

KIRSCHBLÜTENBLÜHN

Ist mir mal wieder der Winter zu lang,
    dann bemühe ich mich, wie der Frühling zu fühlen.
Noch ist es kahl, aber ich denk immer daran,
    dass schon bald überall wieder Kirschblüten blühen.

Ich geh ein paar Schritte in brütender Hitze,
    ich glühe, als wäre ich eine Wüste von innen,
dich zu vermissen schmilzt wie Eis in der Schüssel,
    befreiend, 'ne Weile nicht zweifeln müssen.

Es ist hell, mir ist warm, niemand wirft Schatten,
    fast als wär es nicht wahr, wie viele Krisen wir hatten.
Ich weiß, wer ich bin, ich bin glücklich und lache,
    ich scheine wohl grad alles richtig zu machen.

Ich singe:
Da, wo ich sein will, ist da, wo ich bin…
…von allein auf dem richtigen Weg
führt jeder Schritt mich irgendwohin…
…ich auch geh, es wird alles okay.

Es fallen Blätter von der Decke, es ist herbstliches Wetter,
    jedes Ende will man immer gern verlängern, auch ich
habe wieder nicht gemerkt, wie diese Welt sich verändert,
    und Kalenderlaub fällt von den Wänden auf mich.

Es wird gelb, rot, orange, eins mit der Erde,
  Knistern übermalt Großstadtlärm,
dabei wollte ich doch noch so vieles werden,
  jetzt heißt es wieder mal loslassen lernen.

Ich singe:
Da, wo ich sein will, ist da, wo ich bin...
...von allein auf dem richtigen Weg
führt jeder Schritt mich irgendwohin,
  ja, und alles wird wieder okay.

Was ich war, was ich tat, ich hab alles verloren,
  ist am Boden zerstört und im See eingefroren.
Alles ist grau und genau wie zuvor,
  und ein Chor singt mir memento mori ins Ohr.

Dann fällt Schnee in meinem Zimmer,
  und irgendwas bekümmert mich,
vielleicht, dass ich mir wünsche,
  dass wir zwei noch einmal Kinder sind.

Ich sehe zwar kein Licht,
  aber irgendwie erinnere ich,
dass, auch wenn er noch so finster,
  dieser Winter nicht für immer ist.

Und ich singe:
Da, wo ich sein will, ist da, wo ich bin...
...von allein auf dem richtigen Weg
führt jeder Schritt mich irgendwohin,
  und da wird alles wieder okay.

Es wird wärmer, heller und leichter zu lieben,
   und diese Seite ist grüner als drüben.
Ich erkenn alles wieder, erst mich, dann die Wiesen,
   hab sie vermisst, diese Frühlingsgefühle.

Überall um mich sind fröhliche Menschen.
   Wieso war ich jemals so einsam?
Ich nehme mir vor, ab jetzt nie mehr zu vergessen,
   wie es war, als mir niemals zu kalt war.

Ist mir mal wieder der Winter zu lang,
   dann bemühe ich mich, wie der Frühling zu fühlen.
Noch ist es kahl, aber ich denk immer daran,
   dass schon bald überall wieder Kirschblüten blühen.

In gewisser Weise geh ich in inneren Kreisen
   und komm immer an den gleichen Themen vorbei,
je höher ich steige, umso größer die Kreise,
   desto leichter die einzelnen Wege mir fallen.

Ich brauche nichts sein, wenn ich immer was werde,
   mache nichts falsch, wenn ich immer was lerne,
ich lasse mich fallen mit dem Wind je nach Stärke,
   drehe mich innerlich mit mit der Erde.

Alles geht wieder zu Ende,
   und auch wenn der Anfang jetzt neu ist,
ist mir, als ob ich ihn kenne,
   als wären wir zwei alte Freunde.

Ich geh zwei Schritte vor und einen zurück,
   aber irgendwie geht's immer weiter,
lasse irgendwas los, nehme irgendwas mit,
   weil alles genau seine Zeit hat.

Ich singe:
Da, wo ich sein will, ist da, wo ich bin...
...von allein auf dem richtigen Weg
führt jeder Schritt mich irgendwohin,
   ja, und alles ist wieder okay.

Ist dir mal wieder der Winter zu lang,
   vielleicht schaffst du es, dich wie der Frühling zu fühlen.
Noch ist es kahl, aber denk immer daran:
   dass schon bald überall wieder Kirschblüten blühen.

~~EUDAIMONIA~~ Stilles Glück 🍀

Und ich mach mir immer über alles Sorgen,
    wie über meinen Ruf und meinen Bauch,
über morgen, über übermorgen,
    über meinen Sinn und deinen auch.

Bekäme ich all die Sorgen-Stunden wieder
    und für jeden Zweifel etwas Geld,
ich wär so jung, ich wär ab morgen Schüler
    und gewiss der reichste Mensch der Welt.

Warum kann ich dir so leicht vergeben,
    und bei mir fällt es mir dann so schwer?
Warum finde ich nie meine Wege,
    aber deine dafür umso mehr?

Ich probiere immer zu verstecken,
    dass ich immer noch nicht weiter bin.
Siehst du nicht, wenn ich versuch zu lächeln,
    dass ich eigentlich grad einsam bin?

Nein, ich brauche heute keine Liebe,
  ich glaub, dass mir Verständnis reicht!
Wünsch mir nur, bei allem, was ich fühle,
  dass irgendjemand meine Ängste teilt.

Und dann plötzlich, es sieht aus wie immer,
  springe ich in mir im Kreis.
Es ist niemand außer mir im Zimmer,
  da sind nur ich und mein Glück allein.

Es stimmt, es sind die kleinen Dinge,
  und heute sind sie riesengroß.
Mein Körper sitzt am Fenster, drinnen,
  nur mein Kopf ist draußen irgendwo.

Es sind ein paar Töne einer Bach-Sonate,
  alles, was man nicht erkennt,
ein paar nette Worte auf der Straße,
  lesen, dass du an mich denkst.

Es ist ein Kribbeln irgendwo am Rücken,
    und wenn der Kaffee aus dem Filter tropft,
ist es das, was also alle Glück nennen?
    Weil, wenn ja, dann habe ich das doch.

Sag mir, wie konnte ich das vergessen?
    Immer muss ich alles neu verstehen!
Hab schon wieder lange drin gesessen
    und dabei vergessen rauszugehen.

Alles Gute passiert immer langsam.
    Warum hab ich nie Geduld?
Ich denke zu viel an die anderen
    und gebe mir zu oft die Schuld.

Guck mal, hab ich grad erfunden,
    eine kleine Idee, die ich mag:
Mit der Ruhe dehnen sich die Stunden,
    und ein Leben passt in jeden Tag.

Ja, mein Glück kommt immer leise,
    es sagt mir vorher nicht Bescheid,
schleicht sich dann an meine Seite,
    wie sehr ich hoffe, dass es bleibt.

Meine Füße schweben überm Boden,
    und alle Sachen schweben auch,
und sogleich heben wir ab nach oben
    bis zur Decke, und das Dach geht auf.

Und vielleicht könntest du mich ja verstehen,
   wenn du besser wüsstest, was ich will.
Ja, ich weiß, du kannst mein Glück nicht sehen,
   denn, wenn ich glücklich bin, dann werd ich still.

DIE BALLADE VOM ZAUBERER

Abrakadabra, komm mir nicht zu nah,
   nur aus der Ferne werden meine Illusionen wahr.
Hokuspokus, dies ist mein Leib,
   mein Herz ist das *Berghain*, keiner kommt hier rein.
Abrasax, Abraxas, ich glaube nur an mich,
   ich alleine kontrolliere alle Karten auf dem Tisch.
Simsalabim, ich bin nicht, was du siehst.
   Ich glaub, dass du dich täuschst,
wenn du mir sagst, dass du mich liebst.

Und es reicht, du erinnerst
  einen wichtigen Satz:
Du bist, was du siehst,
  und nicht, was du kannst.
Und jeder liebt immer,
  was gut zu ihm passt.
Und wo der eine ein Wrack
  sieht der andere einen Schatz.

Wo seit unzählbaren Jahren
  laut unwägbaren Sagen
Ahnen von Schamanen
  ihre Tabakwaren lagern,
an einem von Stauden
  bewachsenen Hang,
steht ganz weit draußen
  am Rande der Stadt
und hoch überm Rauschen
  von Elbe und Moldau
ein kleines, verlassenes,
  verwunschenes Holzhaus.

Im Grunde ein
  rundum gelungener Altbau!
Es sieht charismatisch,
  nicht zu gewollt aus,
es scheint fast,
  als sei es 'ner Fabel entsprungen.
Es knarzt die Veranda,
  von Ranken umschlungen,

und an der Backsteinwand
    häuft sich das Holz auf,
die Ahornfassade
    sieht mittags fast gold aus.

Drinnen flackert, knistert, räuspert
    sich ein Feuer beim Kaminsims,
Büchertürme stapeln sich
    wie Säulen zu den Ziegeln,

durch die Gaube scheint das Licht
   in kleinen Pyramiden,
Schaukelsessel säuseln
   leise Lieder in die Dielen.
Schmiedeeisernes Geländer
   ziert die bodentiefen Fenster,
Schwaden von Sulfiten
   dampfen aus den Reagenzbehältern.
Drei Mobiles drehen
   sich wie kleine Feen.
Kristallene Kugeln briefbeschweren
   Rezepte auf Papyrusblättern.

Doch jeder liebt immer,
   was gut zu ihm passt.
Und wo der eine ein Wrack
   sieht der andere einen Schatz.

Ein blasser Kontrast
  gegen jeden Palast.
Kommt mal ein Windhauch,
  zerfällt es ja fast.
Es zieht durch das Dach,
  alle Kacheln sehen alt aus.
Man sieht hier vor lauter
  Gerümpel den Wald kaum,
lacht aus dem Dorf
  unten müde das Volk auf.
Was für ein Narr wohnt
  in solch einem Albtraum?

Denn Wasser hat der Kräutergarten
  nur, wenn es geregnet hat,
und die grünen Fensterläden
  sind vernagelt, zugeklappt.
In der Summe munkelt man:
  Das Haus bewohnt schon jahrelang
ein Zauberer im Ruhestand,
  der nicht mal richtig zaubern kann.

Das bin ich – muss leise sprechen,
  sonst passiert noch ein Malheur.
Ich will keine Neugier wecken,
  hab mich neulich umgehört:
Seit ich mich hier drin verstecke,
  bin ich nämlich fast vergessen,
und mir geht's am allerbesten
  ganz allein und ungestört.

Warum?

Dieses Gedicht ist
   meine Geschichte.
Hier geht es jetzt aus meiner Sicht
   darum, warum ich ich bin,
um meinen allergrößten Trick
   und auch mein größtes Missgeschick.
Um alles zu berichten, gehen
   wir lieber zum Beginn zurück...

Es ist wie folgt:
   Ich stamme aus einer Zaubererdynastie,
doch wie meine Vorfahren zaubern,
   das konnte ich nie.
Wie viele muss ich meinen Hut
   noch heut vor seinem Werk ziehen.
Mein Urururururgroßvater
   war der große Merlin.

Ein Hexer, ein Künstler,
   ein Könner, ein Meister.
Er beschwor Gespenster,
   und er schwor auf Geister.
Hat mit seinem Feuereifer
   weltweit mit Erfolg begeistert.
So berüchtigt, unvergleichbar
   und bedeutsam war kein Zweiter.

Doch aus seinen Adern sollte
 nichts in meinen Genpool fließen.
Keine meiner Gaben lässt
 zurück auf die Familie schließen.
Nicht ein Funke von Magie
 blieb in meiner Wiege liegen.
Bin der schiefe Ton im Lied,
 das Dynamit der Dynastie.
Ich falle aus dem und ich spreng den
 Rahmen meiner Ahnentafel.
Mein Apfel fiel zu weit vom Stammbaum,
 was ich von ihm habe,
ist der viel zu große Name
 und die viel zu große Nase
und noch eine Narbe auf der Stirn,
 doch die ist gerade.
 Schade!

Doch früh träumte ich von der Bühne
 und ließ mich nicht unterkriegen.
Ja, ich wollt mein fehlendes Genietum
 mit Vernunft besiegen,
las als Schüler bücherweise
 über Alchemie,
ich investierte meine Energie,
 um Tricks für meine Kunst zu üben.
An den Füßen Meilenstiefel,
 meine Ärmel waren Flügel,
hüpfte ich mit Küken über
 grüne Wiesen, um zu fliegen.

Zum Magie-Debüt-Termin
   lud mich ein Brief mit Grüßen.
Eine Jury sollte mich in
   sieben Disziplinen prüfen.

An meinem 13. Geburtstag,
   es war auch Walpurgisnacht,
fand der Auftritt vorm Rathaus statt,
   so stand es auch im Tagblatt.
Publikum aus Alt und Jung
   stand gebannt am Brunnen,
um den wundersamen jungen
   Merlin-Sprössling zu bewundern.
Mit Zuschauern in Scharen
   kamen Herzrasen und Panik.
Ich fühlte mich zwar magisch,
   doch ich wusste plötzlich gar nichts mehr.

Dann erinnerte ich mich
   an einen wichtigen Satz:
Du bist, was du siehst,
   und nicht, was du kannst.
Und jeder liebt immer,
   was gut zu ihm passt.
Wo der eine ein Wrack
   sieht der andere einen Schatz.

Dann fing ich an:
Abrakadabra, komm mir nicht zu nah,
   nur aus der Ferne werden meine Illusionen wahr.

Hokuspokus, dies ist mein Leib,
   mein Herz ist das *Berghain*, keiner kommt hier rein.
Abrasax, Abraxas, ich glaube nur an mich,
   ich alleine kontrolliere alle Karten auf dem Tisch.
Simsalabim, ich bin nicht, was du siehst.
   Ich glaub, dass du dich täuschst,
wenn du mir sagst, dass du mich liebst.

*mein Herz ist das Berghain
und du kommst nicht rein*

Ja, seht her!
   Ich bin ein Zauberer!
Ich mache Dinge, da, wo keine sind.
   Ein Zauberer!
Habt ihr gesehen, wie ich geflogen bin?

Höher als die Kupferzinnen,
   schneller als der Wind!
Doch da begann ich zu schwitzen,
   zu straucheln, zu schwimmen.

Ich verbockte aller Meister Werke,
   konnte mir keine Karten merken.
Erst fiel mir kein Zauberspruch ein,
   dann ein Ass aus meinem Ärmel.
Hörte es den halben Abend
   leise im Zylinder schnarchen,
mein weißer Hase hatte seinen
   Einsatz glatt verwinterschlafen.
Ich zog ihn am Ohr empor,
   rief: Dreimal schwarzer Kater!
Da sah er wie zuvor aus,
   nur war er jetzt verkatert,
wollte, statt durch Reifen springen,
   lallend einen Walzer singen.
Ich ließ einen Ring verschwinden
   und konnte ihn nicht wiederfinden.
Bei aller Unruh war mir auch
   der Wunschpunsch misslungen.
Schon nach einem Schluck
   begann ich Funken zu spucken.
Ich wollte eine Frau zersägen,
   keine wollte sich zu mir legen.
Für die letzte, große Geste
   sollte ich überm Boden schweben,

doch es kam zu wenig Nebel,
   dafür zu viel Wind,
und ganz vorne, in der Nähe,
   rief ein kleines Kind:
Huh, Mama, guck mal!
   Betrug! So was geht nicht!
Der Zauberer schwebt nicht,
   er steht auf 'nem Stehtisch!

Auf Stille und La-Ola-Raunen
   folgte kein Applaus,
die umstehenden Leute
   machten ihren Unmut laut.
Fauler Zauber! Kunstbanause!
   Laienmerlin! Pfuscher! Pflaume!
Gauner! Trottel! Stümper! Dilettant!
   Geh bloß nach Hause!,
brüllten, schrien, pfiffen,
   demonstrierten sie vor Wut.
Ich hab es doch nur gut gemeint!,
   gab ich verlegen zu.
So stand ich im Gedränge,
   alle Menschen riefen Buh!
Alle in der Menge riefen,
   alle, nur nicht du...

Du hattest mich scheitern sehen,
   ich war mit meinen Fehlern offen.
Doch du warst so wunderschön.
   Nie hat mich ein Blick getroffen
so wie deiner.

Aus Versehen gabst du
   meinem Leben Hoffnung.
Ein Moment als Vorgeschmack
   ließ mich deine Nähe kosten.

Alles, was man mir genommen
   und was bis eben grau war,
habe ich zurückbekommen
   von deinem Augenaufschlag.
Auch wenn ich mein Leben lang
   nie an dich geglaubt hab:
Deine Aura hatte mich
   im Handumdrehen verzaubert.

Ja, ich hab dich geliebt so wie Kinder fantastische
   Schneekugelwelten auf Teestuben-Nachttischen,
wie Bäcker die Praxis des Lebkuchenbackens,
   geliebt wie Astronauten die Galaxis bei Nachtlicht.

Ich wollte mich setzen,
   doch mir zitterten die Glieder.
Mir war, als müsste ich rennen,
   als hätt ich Frost, als hätt ich Fieber.
Du sahst zu guter Letzt
   noch mal perfekt zu mir herüber,
dann drehtest du dich weg,
   und danach sah ich dich nie wieder.

Seither bist und bleibst du
   für mich alles, was ich will.
Ich fand, wie sehr ich suchte,
   nie ein ähnliches Gefühl.
Ich hätte nach dir rufen sollen,
   doch ich blieb mutlos stumm.
Ich bin dir nicht gefolgt,
   ich weiß bis heute nicht, warum.

Ich glaub, ich hatte Angst,
   nicht gut genug zu sein, wie immer.
Angst, du siehst in mir
   so wie die anderen einen Spinner
mit einer großen Nase,
   großer Name, nichts dahinter.
Bevor du kamst, war mir nicht klar,
   wie sehr ich dich vermisst hab.

Mein Schicksal ist ein Wagen,
   und ich döse auf dem Nebensitz,
die Sphinx in meinen Armen,
   doch ich löse ihre Rätsel nicht.

Ich bin die Pointe eines Scherzes,
    der mein Leben ist,
und ich – wenn man mal ehrlich ist –
    verdien den Namen Merlin nicht.

Ich kam jeden Tag im Folgejahr
    aufs Neue an den Platz zurück.
Je mehr ich fremde Leute traf,
    verlor ich Hoffnung, Stück für Stück.
Viele, die dir ähnlich waren,
    von Weitem, aus der Nähe nicht,
und nie mehr sah ich ein Gesicht
    wie deins, das man nie mehr vergisst.

Scham und Spott begegneten mir
    stets in allen Straßen.
Hinter vorgehaltenen Händen
    hörte ich leises Tratschen.
Ist das nicht der Zauberer,
    der nicht mal richtig zaubern kann?
Was nützt mein magisches Gefühl,
    wenn ich es nicht gebrauchen kann?

Langsam, als ich älter wurde,
    konnte ich dich vergessen,
kam seltener zum Brunnen,
    wurde seltener belächelt.
Eines Morgens gab ich mir dann
    selber das Versprechen:
Nichts und niemand würde
    mich in Zukunft mehr verletzen.

Abrakadabra, komm mir nicht zu nah,
  nur aus der Ferne werden meine Illusionen wahr.
Hokuspokus, dies ist mein Leib,
  mein Herz ist das *Berghain*, keiner kommt hier rein.
Abrasax, Abraxas, ich glaube nur an mich,
  ich alleine kontrolliere alle Karten auf dem Tisch.
Simsalabim, ich bin nicht, was du siehst.
  Ich glaub, dass du dich täuschst,
wenn du mir sagst, dass du mich liebst.

Jetzt gewinne ich jede *Wizard*-Runde
  und auch jedes Hütchen-Spiel.
Keiner außer mir weiß, wem grad
  mein Gefühl zu Füßen liegt.
Das Meiste von mir kommt wie
  bei 'nem Eisberg nicht empor.
Bevor ich dich enttäusche,
  täusche ich lieber etwas vor.

Und nie mehr werde ich so viel
  Zeit mit Rumsuchen verbringen.
Man kann die Dinge, Liebe
  und das Gute nicht erzwingen.
Ich hab mich zurückgezogen,
  jeden Winter mehr,
stieg auf den Berg bis oben
  hoch und weiter bis hierher...

… an einen von Stauden
   bewachsenen Hang,
und ganz weit draußen
   am Rande der Stadt
und hoch überm Rauschen
   von Elbe und Moldau,
hier fand ich ein kleines,
   verlassenes Holzhaus.

Längst hat es die besten Tage
   hinter sich gelassen.
Aber mir gefällt die Lage
   und der Blick von der Terrasse,
fühlt sich wie vom Weingut an,
   die Makel find ich klasse.
Hier darf ich einfach ich sein,
   weil niemand was erwartet.

Das Haus erinnert mich
   an einen wichtigen Satz:
Du bist, was du siehst,
   und nicht, was du kannst.
Und jeder liebt immer,
   was gut zu ihm passt.
Und wo der eine ein Wrack
   sieht der andere einen Schatz.

Ja, dieses Gedicht ist
    meine Geschichte.
Hier geht es aus meiner Sicht
    darum, warum ich ich bin,
um meinen allergrößten Trick
    und mein größtes Missgeschick.
Nur was heute früh bei mir passiert ist,
    das versteh ich nicht.

Es ist das dunklere Ende schlaftrunkener Tage,
    die Luft wirklich rein, es hat keiner geschaut,
weil niemand da ist. Ich fühle mich magisch.
    Fast wie früher gehe ich aus mir heraus,
schüchterne Schritte im knisternden Laub,
    im Anlauf umkreis ich die Mitte, das Haus.
Irgendwo steht ein Gewitter im Raum,
    der Gitterzaun tauscht sich mit Windböen aus.
Ich spring über Schatten ins Mitternachtsblau,
    breite die Arme wie Tragflächen aus.
Ein Flügelschlag drauf, ich schweb wie ein Pfau,
    ich segele Ellipsen, ich schraube mich rauf,
umrunde im Flug meinen eigenen Kopf,
    im Grunde wie Glut einen einsamen Docht.
Auf die Ruh folgt ein Schock,
    als ich hör, wie es klopft,
und obwohl ich's gehofft,
    hab versteckt ich mich doch.

Nie hat ein Besucher meinen
   Berg je überwunden.
Wer bist du? Und was willst du?
   Und wie hast du mich gefunden?
Ich hör 'ne Stimme durch die Tür,
   jemand sagt: Ich will zu dir.
Da hast du dich wohl im Haus geirrt,
   dies ist kein Rasthof, ich kein Wirt.

Ein vorsichtiger Fensterblick,
   dann flüsterst du: Erkennst du mich?
Ich weiß, die Dinge ändern sich,
   doch deinen Blick erinnere ich.
Du siehst ein bisschen anders aus,
   noch immer wunderschön.
Auch wenn ich dich nicht brauche,
   ich hab mich nach dir gesehnt.
Du fragst: Lässt du mich rein?
   Ich sage, dass das nicht mehr geht.
Denn all die Jahre dachte ich,
   du hast mich übersehen.
Ich war viel zu lange traurig,
   ich hab mich nach dir gesehnt.
Auch wenn das ganz unglaublich ist,
   ich glaub, du kommst zu spät.

Und ich singe:
Abrakadabra, komm mir nicht zu nah,
   nur aus der Ferne werden meine Illusionen wahr.
Hokuspokus, dies ist mein Leib,
   mein Herz ist das *Berghain*, keiner kommt hier rein.
Abrasax, Abraxas, ich glaube nur an mich,
   ich alleine kontrolliere alle Karten auf dem Tisch.
Simsalabim, ich bin nicht, was du siehst.
   Ich glaub, dass du dich täuschst,
wenn du mir sagst, dass du mich…

Du sagst:
Ich liebe dich so wie Kinder fantastische
   Schneekugelwelten auf Teestuben-Nachttischen,
Bäcker die Praxis des Lebkuchenbackens,
   wie Astronauten die Galaxis bei Nachtlicht.

Ich verstehe nicht genau,
   was du so gerne an mir hast.
Ich öffne dir die Tür,
   denn ich bin beides, stark und schwach,
seh schon etwas grau aus,
   und es zieht schon durch mein Dach,
im Grunde nur ein Altbau,
   mehr Ruine als Palast.

Da lächelst du zufrieden
   und schaust hoch zu meinem Giebel.
Durch die Gaube scheint das Licht
   in kleinen Pyramiden.

Büchertürme stapeln sich
   wie Säulen zu den Ziegeln.
Es ist still, ich glaube, dass wir
   so was wie Magie sind.

Du erinnerst mich an
   einen wichtigen Satz:
Du bist, was du siehst,
   und nicht, was du kannst.
Und jeder liebt immer,
   was gut zu ihm passt.
Und wo der eine ein Wrack
   sieht der andere einen Schatz.

NIE WIEDER AUF

Ich bin ein fröhliches, glückliches Lied,
   wir trinken drauf, dass es uns gibt.
Du bist ein flüchtiger, glücklicher Tanz,
   wusste nicht, dass man so tanzen kann,
wir fangen grade erst an,
   und wir hören nie wieder auf.

und wir trinken drauf, dass es uns gibt

Der Himmel ist heute so grau,
   fühlt sich für mich an wie blau.
Dunkel und schwer ist die Nacht,
   nur wir überfliegen die Stadt,
in ein anderes Land,
   und wir hören nie wieder auf.

blurry dance

Von allem Schönen kriege ich nie genug,
   und ich finde so schwer meine Ruh.
Ich will immer noch irgendwohin.
   Warum magst du mich so, wie ich bin?
Das ergibt keinen Sinn,
   bitte hör nie wieder auf.

Ich weiß, alles geht mal vorbei,
  vielleicht also auch mit uns zwei.
Das vergessen wir alles im Tanz,
  wusste nicht, dass du so tanzen kannst,
wir fangen grade erst an,
  und wir hören nie wieder auf.

GEBURTSTAGSGEDICHT

Liebe/r _____

Die Blumen stehen noch ungepflückt
   und blühend auf der Wiese.
Der Tisch ist kahl und ungeschmückt,
   mein Brief ist nicht geschrieben.
Der Kuchen ist missglückt,
   und die Ballons wollten nicht fliegen.
Ich konnte auch kein Stück
   auf dem Klavier für dich mehr üben.

Und weil ich heut so glücklich bin,
   dass wir uns beide kennen,
will ich dir was Nützliches
   und deshalb Zeilen schenken.
Du machst mir viel Hoffnung,
   dass die Welt noch nicht verloren ist,
ein Hoch auf deine Eltern
   und wie schön, dass du geboren bist!

Ich sag dir das zu wenig,
    weil ich denk, dass es dir klar ist,
wie die Lage von Venedig
    und die Farbe deiner Haare.
Deshalb endlich heut persönlich:
In deinem Wesen und der Art bist
    du ganz außergewöhnlich.
Heißt zusammengefasst: Ich mag dich.

Als stünden wir am Strand
    und draußen unter Sternen,
zünd ich dir Raketen an
    und tausend Wunderkerzen,
wünsch dir Glück ein Leben lang
    und lauter bunte Märchen.
So heben wir die Gläser an,
    auf dass wir hundert werden!

Lass uns heute feiern
    und betanzen, dass du da bist!
Lass uns heute feiern
    und bedanken für die Jahre!
Lass uns heut ein Ständchen singen,
    weil du nicht selbstverständlich bist!
Lass uns heute feiern,
    bis man denkt, dass wir unendlich sind!

Mögen meine Worte bei dir sein,
  wenn ich es nicht kann,
sagen sie dir, dass du frei bist,
  jetzt und nicht irgendwann,
und dass du niemals alleine bist,
  denn du wirst geliebt.
Hier, das ist dein Lied,
  schön, dass es dich gibt!

Ich wünsch dir Überraschungen,
   Gesundheit, Mut und Frieden,
Abenteuer, Lachkrämpfe
   und Menschen, die dich lieben,
Loslassen und Finden
   und Ideen voller Klarheit.
Und ich hoffe, alle deine Wünsche
   werden Wahrheit!

Du bist mein Lieblingswort
  in meinem Lieblingssatz.
Du bist der Lieblingsort
  in meiner Lieblingsstadt.
Und deine Sonne scheint
  so oft auf meinen Mond.
Ja, du bist mein Beweis,
  dass sich das Leben lohnt.

Also, denk dir einen Blumenstrauß
  wie eine ganze Wiese
und 'nen kleinen Kuchen auch,
  nicht so hübsch, doch zu genießen.
Denk den Tisch dir bunt gedeckt,
  'nen Brief, recht schief geschrieben.
Ist alles reichlich unperfekt,
  doch dafür mit viel Liebe.

FÜR MEINEN VATER

Ich werde oft gefragt:
   Hey, wie machst du das nur, dass du Ziele erreichst?
Und ich sag: Wenn du diese zwei Schritte befolgst,
   ist es eigentlich leicht und geht wie von allein.

Schritt eins:
Ich mal mir 'nen Pfad,
   mit 'nem Ziel auf 'ner Landkarte, den es nicht gibt,
oder nur, wenn im Kopf und mit viel Fantasie
   einer Wände durchbricht und auch Häuser verschiebt.

Schritt zwei:
Ich geh aus der Tür.
   Ich balanciere.
Ich schaue nach links.
   Ich laufe und spring.
Durch die Stadt, übern Teich.
   Durch die Nacht, ist ganz leicht.
Die Luft ist so klar.
   Und schon bin ich da.

Der Bus fährt um neun mich in den Abend,
   ich komme heim, wo du mich erwartest:
Willkommen zurück! Na, wie war dein Tag?
   Wir sitzen am Tisch, als ich dir sag:

Papa, ich ging durch die Tür,
 und ich bin balanciert,
dann schaute ich nach links
 zum Laufen und Springen
durch die Stadt, übern Teich,
 durch die Nacht, war ganz leicht,
die Luft wurde klar,
 und dann war ich schon da.

Deine Augen erleuchten, du sagst nur, du freust dich.

Ich weiß, dass du stolz bist, nur nicht, was das bedeutet.

Denn da fehlt ein Detail, und jetzt erst begreife ich.

Du warst immer Schritt drei! Und so lief alles eigentlich:

Ich geh aus der Tür,
    aber was ich nicht seh, ist, dass du über mir
    noch die Steine der Mauer so umarrangierst,
    bis die harte Fassade zum Durchgang mutiert.

Und ich balanciere,
    und du machst alles still, als ich mich konzentriere
    für den Drahtseilakt, doch mir kann nichts passieren,
    denn du hältst für den Fall schon ein Netz unter mir.

Ich laufe und spring,
    und ich denk, ich kann fliegen, doch du machst den Wind,
    ich heb meine Füße, und mit jedem Schritt
    baust du unter mir Stufen, wo sonst keine sind.

Ich schaue nach links,
    aber rechts von mir stehst du mitten auf der Straße
    und bittest die Autos mit zitternden Fahnen,
    nur kurz für dein Kind noch ein bisschen zu warten.

Durch die Stadt, über den Teich,
    und du schüttest im Dauerlauf Täler auf,
    reißt alle Wände ein, hältst mir den Rücken frei,
    du stellst an Flüssen mir Brücken, an Klippen mir Mauern auf.

Durch die Nacht, ist ganz leicht,
    ja, weil du mir voraus mit 'nem Feuerzeug leuchtest,
    was mich sehr erfreut, weil ich denk, das bedeutet
    nur, dass ich 'ner Horde von Glühwürmchen folge.

Die Luft ist so klar,
    ja, kein Wunder, du hast hier Gewitter entladen,
    bevor ich hierherkam, noch Wolken verjagt,
    sonst läge mir der Atem jetzt bitter im Magen.

Und dann bin ich da,
    an dem Ziel auf der Landkarte, die es *nur* gibt,
    wenn so einer wie *du* mit genug Fantasie
    alle Wände durchbricht und die Häuser verschiebt.

Ich hab immer geglaubt, oh, das Glück fliegt mir zu!
    Aber rückwärts geschaut, warst dieses Glück immer du!
Du warst all die Zeit dieser Anker für mich,
    ich will nur, dass du weißt, ich bin dankbar für dich.

Ich schau auf meinen Wegen nicht oft übern Wegesrand,
    doch ich verstehe, dass ich übersehen hab,
dass ich mein Leben nicht ohne dich leben kann,
    und es bewegt mich, was du mir gegeben hast.

Wenn ich was erreiche, dann trommle ich laut
    und ruf: Los, hebt eure Hände! Auf mich!
Aber du, du bleibst leise, du machst dir nichts draus,
    denn dein Lob ist das Glück aller Menschen um dich!

Und ich sag dir zu selten: Ja, ich bin glücklich!
    Und: Das liegt auch an dir! Und: Ich hoffe, du auch!
Die Welt wird so schnell, das alles ist flüchtig,
    doch ich finde in mir nur durch dich mein Zuhaus.

Wenn jetzt einer fragt:
    Hey, wie machst du das nur, dass du Ziele erreichst?
Sag ich: Auch, wenn du all meine Schritte befolgst,
    bleibt der wichtigste Schritt noch: Es geht nicht allein.

Bitte verzeih, dass ich erst jetzt verstehe,
   ich glaube, es war oft einfach viel zu neblig.
Nun ist es klar, und egal, wie es war,
   ist das heute der Tag, dir zu sagen:
      Ich sehe dich.

Ich hab immer geglaubt,
   oh, das Glück fliegt mir zu!
     Aber rückwärts geschaut,
        warst mein Glück immer *du*!

WAS ICH WILL

In einer Vorstadt zieht durch die Straßen
   ein stiller Triumphzug reißender Nacht,
malt alles schwarz, nur aus einer Fassade
   blitzen wummerndes Licht und ein gleißender Bass.

Die Dunkelheit wundert sich, stutzt, hält an:
   Spuken denn heute Gespenster im Städtchen?
Als sie darauf wie gewohnt ihren Gang
   geht, lugt aus dem leuchtenden Fenster ein Mädchen.

Das Mädchen betritt, harter Schnitt, jetzt den Garten
   und träumt noch, sie hätte ein eigenes Gedicht,
und Sie, treuer Leser, Sie werden es ahnen:
   Wir sind mittendrin, denn das Mädchen bin *ich*.

Und ich zähle:
   Zweifel sind Findungsprozesse.   *Drei!*
   Stillstand ist Anlauf, nur besser.   *Zwei!*
   Ist das Gedicht jetzt zu Ende? Nein!
   Jetzt kommt der Teil, wo ich renne.   *Eins!*

Ich renn leise und barfuß bis zur Garage
   zu meinem bis dato geheimen Projekt,
ich bin nicht bereit, darauf länger zu warten:
   Der beste Moment für den Testlauf ist jetzt!

Hier zwischen Schweiß, Schleifstein und Staub,
    sprühenden Funken, verdunkelnden Türen
hab ich sie jahrelang heimlich gebaut:
    das Prototyp-Paar meiner eigenen Flügel!

Die Sage besagt, wer vom Flugplatz am Stadtrand
    den Horizont und eine Schlucht überfliegt,
der kommt in einer Art anderem Land an,
    das hinter den Grenzen der Wirklichkeit liegt.

Dort leben Menschen, so die Legende,
    vollkommen frei und so, wie sie sind,
noch überquerte zwar keiner den Canyon,
    doch seit ich davon weiß, will ich dringend dahin.

Pappe, Metall, Stoff stopf ich in 'nen Rucksack,
    tausendmal hab ich den Ablauf geprobt,
simultan steigen mein Puls und der Druck an,
    ich sag, ich schaff das, und schon geht es los!

Ich sattel den Drahtesel, tret ins Pedal.
    Wer reitet so spät noch durch Nacht und die Straßen?
Ich mach diesen Weg aus Gedanken real
    und erreiche den Flugplatz mit wehenden Haaren.

Ich werfe außer Atem mein Rad in den Rasen,
    Grün, Grau, Blau sind die einzigen Farben,
die Luft ist hier draußen so kalt, wie sie klar ist,
    ich bin hier draußen so frei, wie ich wahr bin.

Und ich zähle:
  Zweifel sind Findungsprozesse.   Drei!
Stillstand ist Anlauf, nur besser.   Zwei!
  Ist das Gedicht jetzt zu Ende? Nein!
Jetzt kommt der Teil, wo ich renne.   Eins!

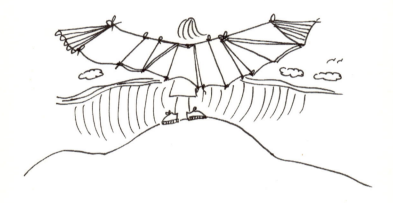

Ich renn mit Pappflügeln und ausgebreiteten Armen
  die Startbahn entlang, doch ich halte vorm Starten,
ich denke an Angst, und ich denk an Gefahren,
  in meinem Kopf überschlagen sich Fragen.

Was, wenn die Dinge, die ich suche,
  weil ich glaube, sie zu brauchen,
gar nicht sind, was ich will?
Warum sonst würd ich versuchen,
  bis zum Abheben zu laufen,
aber wenn es so weit ist, halt ich still?

Was, wenn die Wege, die ich gehe,
    und die Sachen, die ich mache,
gar nicht sind, wie ich bin?
Warum sonst habe ich täglich
    diese Angst, was zu verpassen,
und frag mich immer wieder nach dem Sinn?

Was, wenn die Grenzen, die ich sehe
    und in denen ich mich bewege,
gar nicht wirklich existieren?
Wie sonst ist zu begreifen,
    dass, wenn ich sie überschreite,
außer, dass ich was erlebe, nichts passiert?

Was, wenn es gar nicht meine Pflicht ist,
    wie andere es erwarten,
zu entscheiden und zu sein?
Warum sonst ist keiner glücklich,
    wenn ich, ohne ihn zu fragen,
meinen Lebenstraum geändert hab zu seinem?

Und ich schreie in die Nacht,
    all die Träume von mir, die ich niemals leb,
doch da stehen nur die Bäume,
die wie Leute nichts verstehen,
    das Problem ist, ich will alles auf einmal,
und das ist nicht so einfach,
    sagt mal, hört mich denn keiner?

Und ich schreie in die Nacht,
    sagt mal, merkt ihr nicht, dass alles mich zerreißt?
Was bleibt, ist am Ende nur die Sehnsucht nach mehr Zeit,
    ja, vielleicht will ich alles auf einmal,
und das ist nicht so einfach,
    sagt mal, hört mich denn keiner?

Ich blick auf die andere Seite des Canyon.
    Wie schön muss es sein, wenn man Denken auch lebt?
Wie kamen die Menschen dorthin, über die Grenze?
    Und ob einer von denen meine Lage versteht?

Warum flieg ich so viel besser im Kopf?
    Und ob Träumen und Handeln ein Widerspruch sind?
Die Antwort liegt drüben, das ist paradox.
    Kann mir einer erzählen, ob ich Ikarus bin?

Ich geh immer los, aber komme nie an,
    Leben heißt, alles nur einmal zu machen,
ich wüsste so gern, ob ich's überhaupt kann.
    Wie halt ich es aus, Zeit verstreichen zu lassen?

Keiner, der hilft, und ich weiß nicht, was stimmt,
    doch ich tu das für mich, und ich gebe nicht auf,
ich nehme mir Zeit, bis der Sprung mir gelingt,
    auch wenn das heißt, dass ich lebenslang lauf.

Und ich zähle:
  Zweifel sind Findungsprozesse.   *Drei!*
Stillstand ist Anlauf, nur besser.   *Zwei!*
  Ist das Gedicht jetzt zu Ende? Nein!
Jetzt kommt der Teil, wo ich renne.   *Eins!*

Hoch über mir erreicht just eine Möwe
  in nächtlichen Böen beträchtliche Höhen,
fliegt immer weiter und an mir vorbei,
  sieht mich von Weitem, dann auf die Zeit.

Fragt sich, was es dort unten wohl macht,
  ein Mädchen am Flugplatz, allein in der Nacht,
wehendes Haar und 'ne Jeansjacke an,
  die Arme wie Flügel zur Seite geklappt.

Bevor diese Möwe gen Süden sich lenkt,
  hört niemand, wie sie noch über mich denkt:
Sie scheint immer noch zu üben.
  Wenn ich sie wär, würd ich fliegen.

Und ich zähle:
  Zweifel sind Findungsprozesse.   *Drei!*
Stillstand ist Anlauf, nur besser.   *Zwei!*
  Ist das Gedicht jetzt zu Ende? Nein!
Jetzt kommt der Teil, wo ich renne.   *Eins!*

AM LIEBSTEN VON DIR

Hier,   hinter   meiner Leibeswand,
überm   rechten   Brustbeinrand,
unterm linken   Schlüsselbein,
ein, zwei, drei,   vier Rippen breit,
liegt geheim   und schützenswert,
denn da kommt   mein Rhythmus her
und zwar schon   mein Leben lang,
das, was ich dir geben
kann.

Wo kommst du her? Was wäre, wenn wir ...?
    Wüsst ich gern, doch weiß es nicht,
mir ist, als ob wir uns schon kennen
    würden und die Gleichen sind.
Doch, dass das stimmt, bezweifle ich,
    du merkst, wie ich für einen Moment
zu leise bin, doch eigentlich
    beneide ich, wie frei du bist.

Ein Abend wie ein ganzer Tag,
    ich glaube, seit ich aufgewacht
bin ich verkatert von der Art,
    wie du mit deinen Augen lachst.

Jetzt such ich bereits seit Stunden
   ganz alleine die ganze Stadt
nach – doch hab ich noch nichts gefunden –
   einem Blick wie deinem ab.

Denn irgendwas an dir macht mir Hoffnung,
   ich hab das nicht so oft
und hätte gern mehr mit dir gesprochen.
   Du geisterst mir im Kopf rum,
ich war jetzt über Wochen sehr verschlossen,
   doch irgendwie ist alles wieder offen.

Und ich nehme dieses Herz verdammt in Schutz,
   aber wenn es passiert
und ich es mir noch einmal brechen lassen muss,
   dann am liebsten von dir.

Ich weiß, ich rede viel von mir,
   was mir sehr leidtut, aber ich
hab Angst, dass ich nur existier,
   wenn irgendeiner von mir spricht.
Aber du machst mich lebendig,
   wenn ich ganz normal und leise leb,
frag ich mich nicht mehr ständig,
   ob ich auf der falschen Seite geh.

Ich dacht schon, dass ich eine Toleranz
   für Glück entwickelt hab,
weil mich oft, wenn ich habe, was ich
   hatte, nicht mehr glücklich macht.

Doch du verleihst mir Haltung,
    lässt mich dankbar sein, bist offenbar
die einzige Entscheidung,
    die ich ganz alleine getroffen hab.

Wieso ich nie Substanzen nehme?
    Ob ich mich nie selbst zerstör?
Sei froh, du hast wohl nie Gedanken
    wie die aus meiner Welt gehört.
Wie sie ist? Oh, nicht wie deine,
    kleiner, statt sie zu beschreiben,
könnte ich sie dir lieber –
    und du mir vielleicht auch deine – zeigen?

Denn irgendwas an dir macht mir Hoffnung,
    frag mich nicht, was du richtig machst –
du geisterst mir im Kopf rum,
    das war nicht geplant, dass ich dich mag –
und irgendwie ist alles wieder offen.

Und ich nehme dieses Herz verdammt in Schutz,
    aber wenn es passiert
und ich es mir noch einmal brechen lassen muss,
    dann am liebsten von dir.

Für dich versetz tausend –
    Berge jeden kleinen Wortschatz,
jede Zeile: laufen lernen,
    jeder Brief ein Sportplatz.

Ich hoff, du weißt zu schätzen,
    dass ich mich für dich zum Kasper mache:
Ich gehe keine Treppen
    mehr, ich klettere auf die Dachterrasse.

Seh vom achten Stock aus,
    dass wir relativ gigantisch sind,
vergleichsweise Barock, auch
    Renaissance, fast unromantisch sind.
Rote Kerzen, Rosen, Geigen,
    Mond, Rom – schlicht dagegen.
Wär ich nicht schon einer,
    für dich würde ich als Dichter leben.

Du machst mich espressowach,
    bin lange nicht mehr weggeschlummert,
weil in meiner Brust der Bass
    so laut gegen die Decke wummert.
Hörst du nicht? Die Nachtigall
    singt vierundzwanzigsieben.
Wärst du mit mir zum Abiball
    gegangen, wär ich geblieben.

Ich klappere mit dem Schlüssel
   zwischen Haustür, Baum und Baugerüst.
Ich würd dich gerne –
   nur ein bisschen, doch ich trau mich nicht.
Kommen uns Millimeter näher,
   und ich fühle deinen Atem,
deine Sommersprossen zähle ich
   und gebe ihnen Namen.

Es bilden – ungelogen – sieben
   Stück den kleinen Wagen,
und ich bin umgezogen:
   Ich wohn jetzt in deinen Armen.
Bis die ganze Welt verschwindet,
   um uns rum wird alles windstill,
und nur wir zwei verschwimmen
   wie der Kuss im Gustav-Klimt-Bild.

Der Kuss

Denn irgendwas an dir macht mir Hoffnung,
    frag mich nicht was –
du geisterst mir im Kopf rum,
    das war nicht geplant –
und irgendwie ist alles wieder offen.

Und ich nehme dieses Herz verdammt in Schutz,
    aber wenn es passiert
und ich es mir noch einmal brechen lassen muss,
    dann am liebsten, am liebsten, am liebsten –

Du kannst es mir nicht brechen,
    nein, du kannst es nur zerschmettern,
wie einen Goldrandporzellanbecher
    am Steinboden zerscheppern.
Und auch wenn du mich vergessen
    wirst und auch wenn alles endet,
das kann an dem Moment,
    den wir jetzt haben, gar nichts ändern.

Noch mal geh ich nicht als Erster dran kaputt,
    aber wenn es passiert
und ich mich noch einmal vergessen lassen muss,
    dann am liebsten, am liebsten, am liebsten …
Ich hab keinen Bock auf Scherben in der Brust,
    aber könnte ja sein, dass es wieder passiert
und ich mich noch mal verletzen lassen muss,
    also nur für den Fall, dann am liebsten, am liebsten –

*ich hab
keinen Bock auf
Scherben in der Brust...*

Ist schon okay,
wenn es bricht, machen
Risse und Kratzer
ein bisschen
mehr Platz
für ein
bisschen mehr
Licht…

…mach ein bisschen mehr Platz
 für ein bisschen mehr Licht,
und irgendwie ist alles wieder offen.

FÜR IMMER ERINNERN

1
Dein Körper liegt auf meinem drauf, weiße Wände,
    dein Gesicht stützt du jetzt auf deine Hände.
Ich glaub, ich bin nicht mehr jung, sagst du lachend,
    mach zu viele Dinge, um sie zu machen.
Wir vergessen alle Leute da draußen,
    ich schieß mir ein Polaroid deiner Augen,
häng es in mein inneres Zimmer,
    um dich immer zu erinnern.

2
Du nimmst deine Brille ab, Weinglas leer,
    schaust mich an wie mich seit Jahren keiner mehr,
ich mag, wie du mich so drückst, als ob
    Peter Parker Jane im Regen küsst, oh, also,
nur um mir 'ne kleine Freude zu machen,
    schieß ich mir ein Polaroid deines Lachens,
häng es in mein inneres Zimmer,
    um es immer zu erinnern.

 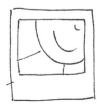 

3
Ich steh jetzt in einem Club, alle tanzen,
　ich nehme einen großen Schluck, doch ich kann nicht aufhören, dich hier aus Versehen zu vermissen.
　　Warum denk ich, es wär schön, wenn du twistest?
Ich hab, es ist nicht zu leugnen, Gefühle,
　schieß ein leises Polaroid deiner Liebe,
häng es in mein inneres Zimmer,
　um uns immer zu erinnern.

Outro

Was bleibt also am Ende? Nicht die vielen Videos, die ich nachts auf meinem Laptop angesehen habe. Nicht: Wow, du arbeitest aber hart. Nicht die vielen Versuche, irgendjemandem zu gefallen. Nicht meine Frisur, nicht der Applaus. Was wirklich bleibt, sind offene Fragen, verschlossene Geheimnisse und immer noch was zu sagen. So, so, so viel zu sagen. Und immer wieder die Erkenntnis, dass das hier schon das Leben ist. Keine Probe, sondern mein einziger, bester Versuch. Ich will meine Geschichte immer mit der von anderen vergleichen, um Parallelen und Unterschiede zu finden und Handlungsparameter abzuleiten, aber so funktioniert das nicht. Und dann weiß ich immer nicht, ob ich das jetzt gut oder schlecht finden soll, dass es kein Richtig und kein Falsch gibt. Und am Ende entscheide ich mich doch immer wieder dafür, so viel wie möglich gut zu finden. Es gibt viele Dinge, die ich nicht beeinflussen kann: Weltgeschehen, Schicksalsschläge, was du über mich denkst. Aber das bisschen, was ich beeinflussen kann, will ich mir so schön wie möglich machen. Und was dann also wirklich bleibt, sind die Menschen. Erinnerungen an Menschen und wie ich mich mit ihnen gefühlt habe. Liebe? Ja, keine Ahnung, vielleicht. Wenn Liebe nicht mein Beziehungsstatus ist oder ob ich geliebt werde. Wenn Liebe ist, wie ich die Welt betrachte. Wenn sie ist, wie ich mit mir und anderen Menschen umgehe. Und wenn sie ist, in jedem etwas Schönes zu sehen und ihm Gutes zu wünschen.

Wenn das so ist, dann bleibt da Liebe. Und dann stimmt es auch, wenn ich sage: *Ich bin eigentlich immer ein bisschen verliebt in jeden.*

Also los, weiter geht's:
Neuer Tag, neues Glück!

DANKE

Ich danke allen, die meine Bücher lesen, meine Sprüche auf Grußkarten schreiben, auf Geburtstagen, Hochzeiten, Schulabschlüssen vortragen, meine Zeichnungen in geheime Briefe kritzeln oder als Tattoo tragen, zu meinen Shows kommen und mitlachen, mitsingen, mitsprechen. Danke für jede Nachricht und jedes unterstützende Wort bei zufälligen S-Bahn-Begegnungen. Ihr macht meine Leidenschaft zum Beruf und gebt mir das Gefühl zurück, dass wir alle nicht alleine sind, sondern zusammengehören.

Ich danke allen Menschen, die immer an mich glauben: Meiner Mutter, meinem Vater, meinem Bruder, meiner Ami, meinem Api und meinen Freunden. Danke an meine Eltern, in der Funktion als mein Management und lyrischer Wanderzirkus.

Danke an das Team vom Goldmann Verlag, allen voran Kerstin Schaub – für die vertrauensvolle Zusammenarbeit und das Collagenbasteln. Danke an das Team vom Hörverlag, allen voran Susa Willems.

Danke an Hans-Martin Gutsch. Danke an das Team von Semmel Concerts, allen voran Timo Hoppen, Jacqui Fricke und Alex Küchler und Alex Müller-Ursel. Danke an das Tour-Team: Martin Ziaja, Lukas Berg sowie Hendrik Mietrach, Alex von Gemmingen und Virginia Streuf. Danke an Marta

Urbanelis für das Foto und all die Fotos. Danke an Freddy Radeke für das Video und all die Videos. Danke an Universal Music, allen voran Daniel Schmidt, Steffi Zoll, Friedrich Krämer, Verena Baumgardt, Nils Reimann und Fabian Schädlich.

Danke an dich, dass du dieses Buch grad in den Händen hältst. Ich hoffe, du fühlst dich hier zu Hause. Und ich wünsche dir alles erdenklich Gute.

NACHWEIS

Seite 19: *Die Royal Tenenbaums*. Touchstone Pictures et al., 2001.

Seite 25: »Winde wehn, Schiffe gehn«. Erich Spohr und Hermann Gumbel. *Nordische Volkslieder aus Finnland und Schweden*. Frankfurt a. M.: Diesterweg, 1925.

Seite 35: A. A. Milne. *Winnie-the-Pooh*. London: Methuen & Co. Ltd., 1926.

Seite 59: Hermann Hesse, »Stufen«, in: ders., Sämtliche Werke in 20 Bänden. Herausgegeben von Volker Michels. Band 10: Die Gedichte. © Suhrkamp Verlag Frankfurt am Main 2002. Alle Rechte bei und vorbehalten durch Suhrkamp Verlag Berlin.

Seite 59: Bloc Party. »This Modern Love«. Wichita Recordings. 2005.

Seite 72, 80: William Shakespeare. *Romeo und Julia*. In: *Shakespeare's Dramatische Werke*. Übersetzt von August Wilhelm Schlegel. Berlin, bei Johann Friedrich Unger, 1797.

Seite 109: Michael Ende. *Der satanarchäolügenialkohöllische Wunschpunsch*. Stuttgart/Wien: Thienemann Verlag, 1989.

Seite 133: Johann Wolfgang von Goethe. »Erlkönig«, in: *Goethe's Werke. Erster Band.* Stuttgart und Tübingen, in der J. G. Cotta'schen Buchhandlung, 1815.

INHALT

Intro 8
Strukturen im Chaos 10
AKA BTW Coconut Oil 16
Royal-Tenenbaum-Tag 19
Für meine Mutter 22
Keine Ahnung, ob das Liebe ist 29
Sonntagslied 33
Interlude 1 39
An den Tag 40
Junges Unglück 44
Wer schön sein will 51
Kleiner Walzer 52
Unser Berlin 54
An einen verlorenen Freund 63
Bitter 67
Wie wir beide es waren (Chaos Reprise) 70
Darf ich bitten? 72
Löwenherz 81
Ich geh zu früh von Partys weg 86
Interlude 2 91
Kirschblütenblühn 92
Stilles Glück 96
Die Ballade vom Zauberer 100
Nie wieder auf 120
Geburtstagsgedicht 122
Für meinen Vater 126
Was ich will 132
Am liebsten von dir 138

Für immer erinnern 145
Outro 147

Danke 149
Nachweis 151

Autorin

Julia Engelmann wurde 1992 geboren und wuchs in Bremen auf. Schon früh nahm sie an Poetry Slams teil. Ein Video ihres Vortrags »One Day« beim Bielefelder Hörsaal-Slam wurde zum Überraschungshit im Netz und bisher millionenfach geklickt, gelikt und geteilt. Ihre Poetry-Bücher, darunter ihr Debüt »Eines Tages, Baby«, sind allesamt Spiegel-Bestseller. Julia Engelmanns zweite Leidenschaft ist die Musik. 2017 veröffentlichte sie ihr erstes Musikprojekt »Poesiealbum«.

Mehr zu Julia Engelmann und ihren Tour-Terminen unter:
www.juliaengelmann.de,
www.facebook.com/juliaengelmannofficial und
www.instagram.com/_juliaengelmann

Julia Engelmann im Goldmann Verlag:

Eines Tages, Baby. Poetry-Slam-Texte
Wir können alles sein, Baby. Neue Poetry-Slam-Texte
Jetzt, Baby. Neue Poetry-Slam-Texte

(Alle auch als E-Book erhältlich)

JULIA ENGELMANN
POP POESIE IN IHRER SCHÖNSTEN FORM

POESIEALBUM – DAS ALBUM
INKL. DER SINGLES **GRÜNER WIRD'S NICHT, GRAPEFRUIT, MODELMÄDCHEN** U.V.M.

JETZT, BABY! – POESIE UND MUSIK
LIVE AUS DEM ADMIRALSPALAST BERLIN
ERHÄLTLICH AUF **DVD** UND **BLURAY**

WWW.JULIAENGELMANN.DE